Ich sage was, was du nicht siehst

39. Treffen junger Autor*innen 2024

Herausgegeben von:
Treffen junge Szene / Berliner Festspiele
Treffen junger Autor*innen

II. und aus keinem besonderen grund / bereue ich alles, was ich jemals sagte

III. jetzt, gerade da, dieser komische, schräge, / kaum zu verzehrende Moment

VI. Kommt der Tod in seinem Namen

Editorial

Die Zweidimensionalität der Seite und die Mehrdeutigkeit der Welt

Wie abgedroschen ist die Weisheit, dass die Welt sich unfassbar schnell verändert, vor allem in den letzten vier Jahren. Und dennoch ist es genau dieser Schwindel, den die Künstler*innen des 39. Treffen junger Autor*innen auslösen, indem sie durch ihre Texte auf die Welt in ihrer Unfassbarkeit und Mehrdeutigkeit reagieren und sie auf die Zweidimensionalität einer Seite bannen. Aktuelle Texte, Prosa, Lyrik, performative Texte und Collagen von jungen Menschen für ...? – Für alle. Auch für junge Menschen? Häufiger frage ich mich, ob nicht ein Warnhinweis bezüglich des Inhalts einiger ausgewählter Texte ausgesprochen werden muss, denn es sind durchaus harte Geschichten und Themen, die verhandelt werden. Auch wenn mit Satire, Poesie, Groteske und Surrealismus gearbeitet wird, so müssen wir erwähnen, dass es unter anderem um tödliche Autounfälle, Sucht, Selbstmord, sexuelle Gewalt, elterliche Grausamkeit und das Gefühl tödlicher Bedrohung geht. Als Veranstalter*innen wollen wir darauf hinweisen, doch ändert das nichts an der Tatsache, dass dies Aspekte der Welt sind, in der die jungen Künstler*innen und auch alle anderen jungen Menschen leben.

Die jungen Autor*innen bearbeiten politische Themen, geben aber auch ihrer Wut Ausdruck. Es gibt Alltagsbeobachtungen, die zu einer messerscharfen Momentaufnahme der Gesellschaft werden, daneben finden sich viele große, traurige und schwere Themen, die aber durch die geschickte Wahl der Erzählperspektive und Handwerk stets frei von Kitsch und Pathos bleiben. Die Texte setzen sich mit dem Mensch-Sein, Glaubens- und Gottesfragen, Märtyrer*innentum, Tod, Selbstmord und Traumata auseinander. Feministische Freiheit, Reflektion von Übergriffen auf Frauen quer durch die Geschichte, Queerness und Transsexualität werden verhandelt. Geschildert werden generationsübergreifende Freundschaften und Eltern-Kind-Beziehungen. Es ist von Monstern die Rede, von Lebensbedrohung und Krieg. Ebenso finden sich skurrile Szenerien oder ausgefallene Milieus, sei es in einer Klokabine in einer Shopping Mall oder bei einem Dackel-Rennen. Lustvoll und gekonnt setzen die Autor*innen Satire, Karikatur und Humor ein und blicken mit Wärme auf menschliche Momente des Scheiterns.

Formal bewegen sich die Autor*innen in strenger oder eigenwilliger Lyrik, in Langgedichten, Kurz-Prosa, Erzählungen oder in dramatisch-performativen Texten. Einerseits folgen sie sehr strengen Formen, andererseits überwinden sie diese und schaffen ihre eigenen interessanten formalen

Rahmen mit überraschendem Vokabular, eigenwilligem Umgang mit Satzzeichen, Rhythmus und Lautsprache. Die Autor*innen nehmen spannende Erzählperspektiven ein, mal wird klar erzählt, dann wieder verschachtelt und verdichtet, Alltagssprache kontrastiert mit Poesie. Zu lesen sind wilde Wechsel von sprachlichen Strukturen, Texte sind gleichzeitig comichaft und sehr persönlich und mit Energie und Körperlichkeit springen sie ungebunden durch die Zeitstrukturen.

Gemeinsam mit der Jury, der ich an dieser Stelle ausdrücklich für ihre hervorragende und engagierte Arbeit danke, haben wir in diesem Jahr die Longlist des Treffen junger Autor*innen ins Leben gerufen, durch die wir Autor*innen, die mit ihren Texten in die Zwischenauswahl gekommen sind, mit dieser besonderen Erwähnung auszeichnen.

Ich danke dem Bundesministerium für Bildung und Forschung, das mit diesem Treffen junge schreibende Menschen seit Jahrzehnten fördert, miteinander und voneinander lernen lässt, und ihnen Öffentlichkeit, Bühne und Gehör verschafft. Für viele junge Autor*innen ist diese im Anschluss an das Treffen erscheinende Anthologie ihre erste Publikation.

Vor allem danke ich den Autor*innen für ihren Mut, ihre Fantasie, ihre klaren und poetischen Worte.

Susanne Chrudina

Leiterin Treffen junge Szene

I.

in herzen
die minenfelder /
in blicken
die
mittelstreckenraketen

Lilian Strub

Ich sehe nichts und tue alles

Hast du alles dabei? Schlüssel, Handy, Portemonnaie?
Die Tür knallt ins Schloss, die Luft ist schwer von Hitze.
Wann kommt die Bahn? Kann ich noch schnell das Glas wegbringen?
Der Asphalt flimmert, Grillen zirpen in den Bäumen. Deine Sandalen klatschen Applaus zwischen der Straße und deinen Fußsohlen.
Komm, ich muss noch eine Karte kaufen!
Im Gebüsch liegt seit drei Monaten ein Einkaufswagen, ein Eichhörnchen flitzt über den Fahrradweg.
Wir rennen zum Bahnsteig. Es riecht nach Blumen, Benzin und Sonnencreme.

Wir schweigen immer, wenn es traurig wird. Ich weiß nicht, wer zuerst reden soll, du weißt nicht, was es zu sagen gibt. Ich will über alles reden, aber nicht als Erste.
Wollen wir einen Spaziergang machen?, frage ich und du sagst immer ja und trotzdem reden wir dann nicht.
Worüber sollen wir denn reden?
Worüber nicht? Wir müssen über alles reden.

Die Bahn quietscht, Türen öffnen sich, wir lassen alle aussteigen. War das Muster auf den Sitzen schon immer so? Wie viel hat sich geändert, ohne dass ich es mitbekommen habe? Warst du schon immer größer als ich? Waren deine Haare schon immer kurz? Haben wir mal zusammengepasst?
Komm, da sind zwei freie Plätze.
Mein Bein berührt den Arm einer alten Dame. Sie sieht nicht rauf, ich seh' nicht runter.
Die Knöchel deiner linken Hand sind wund. Ich streiche vorsichtig darüber. Aber ich kann das nicht sein. Nicht für dich und nicht für mich.

Ellie steigt nächste Station ein.
Durch das verdreckte Fenster ziehen Häuserreihen vorbei. Meine Kindheit, meine Jugend, mein –
Du lachst und legst einen Arm um mich, deine Haut klebt an meiner.
Ellie riecht nach Deo und Kaugummis. Rote Augen, fahle Haut, ein Bier in der Hand. Sie wedelt mit einem Pfandbon. 17,25 €. Ich frage mich, warum sie den nicht gleich eingelöst hat. Aber Ellie fragt man nicht warum.

Ecko wartet am Imbiss.

Currywurst mit Pommes und ein Bier, bestellt Ellie.
Eine große Pommes mit Ketchup und Mayo, bestelle ich.
Eine vegane Curry mit Brot und ein Mezzomix, bestellt Ecko.
Cola Zero, bestellst du.

Wir wandern über die Brücke und bleiben in der Mitte stehen. Ich schaue runter und frage mich, ob es sich wie Fliegen anfühlt. Dann schaue ich zu dir und Ellie und Ecko und an euch vorbei.
Wir lachen, trinken und blicken durch einander hindurch auf eine Version von uns, die helfen kann und nicht Hilfe braucht.
Ellies Handy leuchtet auf.
Drei Monate nüchtern! Verkündet die Nachricht fröhlich.

Ich will nichts sehen und alles tun. Die Welt dreht sich in die falsche Richtung.

Ich hüpfe zu dir und biete dir eine Pommes an. Du nimmst sie und kaust. Du kaust so lange, dass mir langweilig wird. Dann holst du dein Handy raus und trägst alles ein.
Es muss halt genau stimmen.
Ich stelle mich zu Ecko. Sein Leid muss ich nicht ignorieren, er versteckt es so gut, dass ich es nie sehen kann. Wir schauen wieder aufs Wasser runter. Ecko spuckt, ich spucke. Die Sonne spiegelt sich ein letztes Mal in den Glaswänden der Hochhäuser, dann ist sie weg. Ich atme erleichtert auf.
Wir rennen zum Ende der Brücke und stolpern die Treppe runter. Der Wind rauscht so laut, dass ich nicht höre, was du mir zurufst. Ich lache und nicke, du lachst und reißt die Arme in die Luft. Wir fliegen in den Himmel, zwischen die Wolken und spucken runter.

Im Club ist die Musik laut und die Luft dick. Ich halte deine Hand beim Tanzen und spüre jeden deiner Knochen durch die Haut.
Ich schließe die Augen und versuche an nichts zu denken.
Der Spielplatz hatte einen Hügel. Als ich klein war, kam er mir so groß vor. Von oben konnte ich das Haus sehen, in dem Papa nicht mehr wohnen wollte und die Fenster, die Mama nicht mehr putzen konnte. Das Haus, in dem es einen Dachboden und einen Keller gab, in dem ich Angst vor Spinnen und der Dunkelheit hatte und noch nicht verstand, dass es so viel mehr gab, das mir Angst machen müsste. Das Haus, in dem es still wurde, als nur

noch Papa und ich übrig waren. Das Haus, in dem wir dann nicht mehr wohnten. Die Angst vor Spinnen und der Dunkelheit blieb dort und wir zogen in eine Wohnung, in der neue Ängste auf mich warteten. In einem Haus, in dem du auf mich wartetest.
Jetzt mache ich die Augen auf und sehe dich und ich weine das ganze Lied durch. Du lachst und schaust umher und streichst mit deiner Hand über meine Wange. Aber ein Handtuch bringt nichts, wenn der Wasserhahn nicht zugedreht wird.
Ich will nicht mehr in dem Haus leben, nicht mehr in dem Club tanzen. Der Krankenhausgeruch beißt in meine Nase.
Ich drehe mich von dir weg, auch wenn das gemein ist und lasse mich von der Menge in eine andere Richtung schieben.

Die Sonne geht auf und wir sitzen auf einer Wiese mit Blick über die Stadt.

Wenn Krieg ist, will ich beim Flughafen wohnen, da fallen die ersten Bomben.
Was hast du denn geraucht?, ruft Ellie und lacht.
Probier mal.
Ne, bin auf Detox.
Ihre leere Bierflasche leuchtet honigfarben in den ersten Sonnenstrahlen.

Manchmal denke ich an das Mittelalter, weil es da noch keine Kartoffeln gab. Wenn ich an meine Mutter denke, fällt mir nur ihr Kartoffelbrei ein. Im Mittelalter könnte ich mich gar nicht an sie erinnern.

Du legst deinen Kopf auf meine Schulter. Ich mag den Geruch von deinem Shampoo.
Ich will meine Fragen nicht stellen. Aber vielleicht hört mich ja jemand, ohne dass ich rede.

Ecko wird nicht nach Hause gehen. Aber darüber reden wir nicht. Ellie hat Schnaps unterm Bett. Aber darüber reden wir nicht. Du wirst heute nichts essen. Aber darüber reden wir nicht. Ich besuche das Grab nicht mehr, weil ich mich sonst vielleicht aus Versehen daneben eingrabe.

Ecko hat eine Packung Mon Chéri. Wir stinken und sind müde, die Welt gehört uns.

Alle haben früher getrunken. Alle haben gesagt, das gehört sich so und irgendwann hört man eben auf.
Ellie zeigt auf eine Wolke, die aussieht wie eine Ente, ihre rechte Hand klammert sich um den Flaschenhals von ihrem Bier.
Ecko lacht und zeigt auf eine Wolke, die aussieht wie ein Hotdog.
Du schmiegst dich an mich. Ich nehme dich an und du verstehst ohne Worte, auch wenn ich es dir gerne sagen würde.

Die erste U-Bahn fährt wieder. Wir sitzen ganz hinten und steigen nicht aus. Mit 15 habe ich meiner Nachbarin Todesanzeigen vorgelesen. Mit 12 habe ich Abby in der Umkleide geküsst. Mit 18 habe ich einen Typen ins Gesicht geschlagen. Mit 11 habe ich Mama mit Erde beworfen. Mit 17 habe ich mich auf die Schienen gelegt und mich dann doch nicht getraut.
Du sagst, das ist auch gut so. Mir ist es egal.
Aber jetzt fahren wir aus dem Tunnel, die Sonne geht auf und vielleicht ist es auch ein bisschen gut.

Mily Meyer

Gedichte

mythopoetic reflection

man kostet mich aus
eine probe entnehmen
noch eine
/eine
/eine
/eine
having promised a potential
ungehalten

das muss noch geübt werden

nun
der urin ist sauber
k/eine leukozyte
das blut fließt woanders
nicht durch mich hindurch
die bewegung
endlich

mal die fresse halten
lippen können auch andere dinge
als immer nur rumschreien

so kassiert man ohrfeigen und abfuhren
so wird man nicht gesund

eine adersprengung
eine erbschuld
eine schuldenbremse

hört man mir meinen ärger denn an?
ist man schon satt?
vom verdruss?
hat die säure durchdrungen?

von der fermentation bitter geworden

ist es langweilig?
mir beim wunden lecken zuzuschauen?
oder ist es noch sexy??

opaoma schreit am lautesten
und weint leise

girl

da gibt es leute
die helfen mir beim einschlafen
und wieder aufwachen

irgendwas vergessen
schwarzer mund staubsaugerloch
ausgrabungsverlust

wo ein see ist
ist ein tagebau nicht weit

dazwischen
die fomo von der amnesie
eine traumabegleiterscheinung
kleidet galant elegant nonchalant

cool girl
forgetful girl

kellerszene

in tupperdosen zur aufbewahrung die gehirnlappen
seziert dekliniert kompartimentalisiert

eine externalisierung für gesunden abstand

die anteile schwimmen aus dem kühlschrank
wenn nicht eingepackt morgen schon eingefroren

die zellteilung slo mo

das konservenleben ist wie zementierte achtsamkeit:
ohne therapeutischen ansatz nutzlos

adressat*innenorientiert

immer wundern
vielleicht ist was
vielleicht bleibt was
unausgesprochen

(articulation is a neurosis)

in den ungelenken worten
in den grünen klößen steckt mein hals
knirschen zwischen den sekunden
muskelkater vom zähne zusammenbeißen
pupillen vibrieren oder es ist alles andere
die fasern der tischdecke sind sich näher
die gedanken sind unfrei

(since last time i got rid of the meaning)

das hält kein mensch aus
kein mensch

bewusstseinsorientiert

vielleicht durch eine wand
eine antwort finden
in einem trockenbauzwischenraum
erstickt die resonanz

in jedem deutschen haushalt sollte ein stück berliner mauer stehen mit
einer von opaomas
tränen

ein ende dem vergessen

blaue sonne

die aral bricht nachts der dunkelheit das genick
(meine blaue sonne)
männer stehen an den tanksäulen
begießen ihren größten schatz mit entflammbaren fossilien
man kann sie riechen
mit dem axe deospray setzen sie sich in die nasenwurzel

die erinnerung an natriumchlorid harnsäure ammoniak zucker
(eine schweißperle läuft über die stirn und tropft in mein gesicht)

in händen liegen die pistolen die erinnerung an eine form
(wenn ich ein auto wäre so ein schnelles 300 PS tiefergelegt würdest du
mich dann lieben?)
in mündern die patronen
in herzen die minenfelder
in blicken die mittelstreckenraketen
(ich zergehe im ascheregen)

dann träumen sie von anderen männern

goldketten und nagellack
anzüge und der name der mutter auf dem arm
bombengürtel und gürtelschnallen
muscle shirts und verantwortung
demonstrative softness
sturmhauben und die neue welt
die kulturproduktion
das gewissenhafte schweigen

eine bestimmte art splitterminen nennt man auch bouncing betty

ihre angst bricht sich in ihren stimmen
vervielfältigt sich in der mitose
sitzt in jeder zelle
es warten 180 schlüssel im wiesnfundbüro

ihre wut wartet nicht sie bricht
(seine stimme hat mich grün und blau geschlagen)

weinen ist gesund wenn du die tränen aufleckst für die proteine

(unter hodensäcken liege ich begraben. in 3000 metern tiefe, da sinke ich,
verwese nicht, zerfalle nur. noch die atome im muttergestein.
unter druck werden diamanten gemacht, ich gebe mir auch größte mühe,
doch: kein kompakter kohlenstoff. ich breche, denn so wird man leichter.
meine einzelstücke schweben nach oben, ich sammle mich in tropfen.
da bohren sie ein loch durch 150 millionen jahre. ich, zerflossen, als erdöl.)

Freya Werner

Gedichte

Problemlösung

Ich suchte unter meinem Bett,
Ich suchte im Schrank.
Ich schaute im Regal
zwischen den Büchern,
doch Nichts fiel mich an.
Dann riss ich mir die Haare aus
und baute mir aus Vogelfedern
mit viel Speichel
ein eigenes Monster.

U16, weiblich

von draußen konnte man beobachten,
wie wir übten, einander zu verletzen –
ein paar stumme mädchen auf tuchfühlung,
die in sanftem licht herumtreiben:
von oben lächeln die lampen auf uns herab

Abnormal

Es war das Wetter nicht schuld
und auch nicht die Uhrzeit:
In welcher Verbindung steht lapislazuliblauer Boden
mit Zinnober und Lindgrün?

an einem solchen ort I

dort sitzt man tiefnachts
von lampenlicht durchnässt
mutterseelenallein
der unendlichkeit
des spiegels ausgesetzt
hält in triefenden handschalen
sein blutig glänzendes herz

an einem solchen ort II

dort klopft man sich am wochenende den frust
aus der kleidung stopft diese dann doch hustend
in die maschine schrubbt sich die hände duscht
als wollte man sich häuten

Irgendwo

an der unendlich blankweißen Wand
könnte etwas Gerahmtes hängen:
ein Foto von ihr mit Pflanze.
In ihren Augen liegt Stille,
die Pflanze lebt längst nicht mehr.

Freya Werner

und aus keinem
besonderen grund /
/ bereue ich alles,
, was ich jemals sagte

Sophia Becker

Wenn Sterne Sport machen

Tick. Tick. Tick.
Rosalie sitzt an dem Küchentisch, die Hände um die Kaffeetasse gelegt.
Tick. Tick. Tick.
Als Außenstehender könnte man meinen, sie wartet auf jemanden.
Vielleicht tut sie das auch.
Tick. Tick. Tick.
Rosalie steht langsam, sehr langsam auf, durchquert langsam, sehr langsam den Raum und kippt den kalt gewordenen Kaffee in die Spüle.
Es plätschert.
Auf dem Spielplatz hinter ihrem Garten spielen Kinder. Rosalie hört sie jauchzen, wenn sie im hohen Bogen von der Schaukel springen, im Sand landen, sich aufrappeln und das Ganze wiederholen, immer und immer wieder.
Rosalie geht mit ihrem Strickzeug zum Spielplatz. Die Nadeln klappern leise im Rhythmus der quietschenden Schaukel, nur für sie hörbar. Die bunten Stränge ihrer Wolle spiegeln die Farben des Spiels wider. Kinder wirbeln um sie herum, voller Energie und Leben. Rosalie lächelt still vor sich hin, während sie weiter strickt. Ein Teil des Spiels, eine stille Beobachterin inmitten des Geschehens.
Die Sonne steigt höher. Kinder werden zum Mittagessen gerufen, werden abgeholt. Das Gelächter verhallt. Rosalie sammelt ihr Strickzeug ein und kehrt nach Hause zurück. Sie macht sich eine Tasse Tee, setzt sich an den Küchentisch.
Tick. Tick. Tick.
Rosalie steht auf und kippt den kalten Tee in die Spüle.
Tick. Tick. Tick.
Rosalie schlendert langsam durch die nächtlichen Straßen. Ein Junge steht da, hat den Kopf in den Nacken gelegt und betrachtet fasziniert die funkelnden Sterne.
„Schöne Nacht, nicht wahr?“, sagt Rosalie leise zu dem Jungen.
Der Junge dreht sich überrascht um und lächelt sie an.
Er antwortet nicht, aber seine strahlenden Augen tun es für ihn.
Rosalie setzt sich neben ihn auf eine Bank und gemeinsam schauen sie hinauf in den Nachthimmel. Ein Moment der Verbundenheit zwischen zwei Fremden.
Der Junge gehört nicht zu den Kindern, die immer auf dem Spielplatz sind. Das muss Rosalie ihn nicht fragen, das weiß sie auch so. Eine Ewigkeit sitzen die beiden da. Als Außenstehender könnte man meinen,

sie warten auf etwas. Vielleicht tun sie das ja auch.
Später ist es Rosalie, die die Bank verlässt. Der Junge bleibt.
Tick. Tick. Tick.
Die Uhr sagt Rosalie, dass es höchste Zeit ist, sich hinzulegen. Rosalie hört auf sie.

Rosalie schläft länger als sonst. Sie macht sich keinen Kaffee, lässt ihn nicht kalt werden und kippt ihn nicht in die Spüle. Es plätschert nicht. Rosalie geht nicht auf den Spielplatz. Sie strickt zuhause weiter. Dann löst sie das Gestrickte wieder auf, rollt die Wolle wieder zusammen. Sie hat eine neue Idee. Am späten Abend geht Rosalie zu der Bank, auf der gestern der Junge gesessen hat. Er ist schon da.
Rosalie hat ihr Strickzeug mitgenommen. Der Junge betrachtet es neugierig, wendet dann aber wieder den Blick zum Himmel, als hätte er Angst, etwas zu verpassen. Rosalie folgt seinem Blick, strickt jedoch weiter. Das Stricken ohne hinzugucken gelingt ihr so mühelos wie das Atmen im Schlaf.
Eine Weile sitzen sie so nebeneinander, bis der Junge sagt: „Guck mal, alte Frau, der Stern macht Sport." Rosalie ist so verdutzt, dass sie nicht weiß, worüber sie sich zuerst wundern soll; dass der Junge sie *alte Frau* genannt hat, oder seine lustige Bezeichnung für eine Sternschnuppe.
„Ich heiße Rosalie", sagt Rosalie.

„Warum nennst du Sternschnuppen so?", fragt Rosalie am nächsten Abend.
„Was sind Sternschnuppen?", erkundigt der Junge sich.
„Die Sterne, die Sport machen."
„Meine Mama hat die immer so genannt. Weil die so schnell rennen."
Rosalie beugt sich zu dem Jungen hin, hält ihm die Wolle vor die Brust, misst von Schulter zu Schulter. Er lässt sie machen.
Als Rosalie aufsteht, um zu gehen, folgt der Junge ihr. Er fragt, ob sie etwas Essbares für ihn hat. In der Küche schmiert Rosalie ihm ein Brot und macht sich einen Tee.
Tick. Tick. Tick.
„Ich mag Uhren", sagt der Junge. ,,Das ist als ob man hört, wie die Zeit vergeht." Sie sitzen sich gegenüber am Küchentisch. Einige Minuten lang schweigen die beiden, während der Junge isst. „Danke fürs Brot, alte Rosalie." Er geht selbständig zur Tür.

Rosalie trinkt ihren Tee aus.
Tick. Tick. Tick.
Der Junge sieht Rosalies Nachbarn im Vorgarten stehend mit der Polizei reden. Die Polizei geht durch die Haustür, die Autos fahren um das Haus herum. Nach einiger Zeit geht die Polizei, für den Jungen nicht sichtbar, auf der anderen Seite wieder raus. Die Autos fahren weg.
Der Junge schleicht sich in das Haus. Rosalie ist nicht da. Auf dem Küchentisch liegt ein Pullover in bunten, fröhlichen Farben. Der Junge zieht ihn an. Er passt wie angegossen.
Leise steht der Junge in der Mitte der Küche und lauscht. Es herrscht vollkommene Stille. Die Uhr ist stehengeblieben.
Tap. Tap. Tap.
Der Junge sitzt am Küchentisch.
Im gleichmäßigen Rhythmus klopft er mit dem Fuß auf den Boden.
Als Außenstehender könnte man meinen, er wartet auf jemanden.
Vielleicht tut er das ja auch.

Fanny Marek Walger

Gedichte

seit zweitausendvier

zum zwanzigsten geburtstag

statt gleichgewichts- bloß leichtsinn.
setze hemiparesefuß vor hemiparesefuß:
am grund auf einem hochhausdach
den ganzen schall der welt auf einmal.
sprechen mit gott.

leichtsinn (so leicht). dunkelkammerwasser,
von sowas kann man sterben,
ich aber habe kein problem,
um gnade zu flehen. ich lebe
am dachsims. und fühle alles:

ich liebe eine frau. ich liebe einen mann.
nehme augenkontakt auf
mit einem vermisstenplakat, erstes gedicht,
sieht mich an wie die revolution.
leichtsinn, und bisschen schweben

und aus keinem besonderen grund
bereue ich alles, was ich jemals sagte.
schreiben, schreiben, schreiben.
am leben bleiben, um zu erinnern,
in diesem augenblick, das war ich,

war leichtsinnig, kaum da.
tat etwas mit händen
um nicht zu vergessen:
ich kannte den ganzen text.
du hast mich gehört

dunkelkammer

wie ein besuch bei alten menschen,
hinter dem kopf eine lichtquelle
ohne licht, verdeckt die augen.
es gibt dunkelheiten, an die sich keine stäbchenrezeptoren gewöhnen.

weißt du, wo die fovea liegt, wo alles scharf ist.
kann nicht erkennen, ob du mich ansiehst.
ein besuch, der keinen tröstet,
den man nicht bemerkt; nur den geruch

von stehengebliebener zeit, zunächst bloß staub.
verhangenes. wenn man nichts
sehen kann, sieht man dann dunkelheit
oder die angst, dich zu berühren?

wie ein fiebertraum, sagst du,
ich ängstlich wie das kind,
das opa noch einmal umarmen muss.
ich knie mich hin und wir halten

die hände aneinander wie eine glasscheibe entlang,
ich frage riechst du nach tod?
wir verschränken die finger,
zwei weberknechte, ein ineinander.

es gibt dunkelheiten, die berühren sich
am handgelenk. wir sagen:
schau, wie zart.

tout perdu

sind]
sappho-fragmente sind
] plastikmüllesk

pas tout, seulement la ville

körpergefühl des sich-treiben-lassens,
hier gibt es fische wie spinnen.
ich halte mich fest an einem vulkan,
ohne augen, lost city hydrothermal field.
ich bin ein trittsteinbiotop,
ich bin ein toter wal. ich bin verseift:
mich gibt es noch.

bitte sei unterwasser-archäolog*in.
birg mich bitte.

körpergefühl des sinkens.
etwas nimmt mir die amygdala,
nimmt das ersticken, kein
handzeichen für lebewohl und das
wasser rauscht wie züge über mir,
erschüttert alles, was ich kenne.

let me be your vessel.
let me be your crane.

körpergefühl des ertrinkens.
wir vollziehen eine unterführung,
sinken bis zum beton unter dem
bahnsteig. nimm eine probe von mir
und finde: dieses tier ist gar nicht tot;
white smoker theory, da,
wo die erste zelle beginnt.

festhalten

ich glaube, ich habe das festhalten verlernt.
bitte werd‘ nur langsam schneller,
sonst schleudert es mich durch den wagen
bis ganz hinten, bis zur fahrertür.
ich konnte noch nie mein gleichgewicht halten.
kein spalt zwischen fahrzeug und bahnsteig.

ästhetik des verlorenseins, doc martens.
kreuzberg und alles. an einem ort sein,
an den man nicht gehört und trotzdem tun,
als gehöre man hin.
und überall der fernsehturm,
ich glaube, es ist der beton,
kommunistische alleen, ziellose umwege.
der ort, an dem wir die stifte kauften.

knacke mit den knöcheln, denke an
savignyplatz und selbstgedrehte.
den buchladen unter der brücke
oder doch einen anderen, ich will rauchen
und sie führen die stifte nicht mehr; mir fällt auf:
es war gar kein urlaub mit opa,
bloß ein trauermoment.

an einem s-bahn-steig geboren,
in die grundsätzliche verlassenheit.
ich bin so zart, bin nirgendwo,
an die tür gelehnt und fahre.
jemand spricht. ich spreche dagegen
und nichts ist meins.

aus dem wald

in diesem sommer sind die abende zu hell
für melancholische gedanken. man ist
marianne in kurzer kleidung, lehnt sich
aus dem fenster, hört gespräche
von der straße irgendwie heller als sonst,
träumt kleine träume, überhaupt:
von nun an könnte ich ein ganzes leben lang
mit niemandem mehr sprechen und wäre froh.
ich verstehe jetzt, warum du
mich in den sommer geboren hast:
etwas hier ist leichter, als es ist.
moustaki hören, auf fliesen gehen,

so will ich juli um juli vor mich hin
verbringen. ich will ein haus am wasser.
ich will gedichte schreiben.
ich will pilze sammeln,

(etwas auf französisch hinterlassen),
im gras gelegen haben und im hof
gestanden, als es regnete.
ich will sonst nichts wollen.

man sieht den sonnenuntergang durch eine
s-bahn-tür und ist verliebt in ein
marek, das in den wald nach hause kommt.
man revoltiert still und lebt mit den vögeln.

Amelie Singla

Importexport

Opa hat Importexport mit Indien gemacht, erzählt mein Cousin Samu auf dem Weg zur Schule und ich verstehe kein Wort.
Jetzt ist das ganze Wohnzimmer voller Säcke mit Hemden, sagt er, und dann: Gestern, als ich bei Oma und Opa war, haben Männer sie aus einem großen LKW ins Haus gebracht. Immer und immer mehr Säcke, obwohl Opa gesagt hat bitte, *bitte* nicht.
Warum denn, traut Sara sich zu fragen, weil sie seine kleine Schwester ist (Man sieht es an den goldbraunen Augen, die sie beide haben. Wie Gulab Jamuns, sagt Opa immer).
Er kann sie gar nicht verkaufen. Sein Geschäftspartner hat nämlich abgesagt, weil die Hemden viel zu spät angekommen sind, antwortet Samu.
Später gehen wir zu Oma und Opa und gucken die Hemden an, flüstert Sara mir zu, als wir gerade am Schultor angekommen sind.

Nach der sechsten Stunde gehen wir also los. Nicht wie sonst zu unserem roten Backsteinzuhause auf der Rückseite der Schule, ich in den ersten Stock und Sara in den zweiten. Sondern in die andere Richtung, zu Oma und Opa, deren Haus weiß ist und einen Garten hat und ganz und gar ihnen gehört, von oben bis unten.
Sara, die von einem Fuß auf den anderen hüpft, drückt ewig auf die Klingel, aber niemand macht auf. Also zieht sie mich auf die andere Seite des Hauses, wo es eine schmale Tür zur Küche gibt, die meistens nur angelehnt ist. Wir schlüpfen hinein und dann in den Flur. Vorbei an Opas Zimmer, dessen Tür geschlossen ist wie Lippen von einem schweigenden Mund – schhh, macht Sara, denn durch das Schlüsselloch dringen leise Radiomusikgeräusche, das heißt, Opa ist wahrscheinlich drinnen – also, weiter durch den Flur, dann um die Ecke, ins Wohnzimmer.
Es ist wirklich, wirklich voll: pralle weiße Säcke sind aufeinandergestapelt und neben-, vor- und hintereinander. Die kleinen, schwarzen Buchstaben, mit denen sie beschriftet sind, können wir nicht lesen. Weil das Hindi oder Englisch ist, sagt Sara mit gekreuzten Armen und goldblitzenden Augen. Ich glaube ihr, denn sie ist fast zwei Monate älter als ich und weiß viel, wegen ihrem großen Bruder.
Mit einem Finger pikse ich ins Weiß. Es fühlt sich weich an.
Sollen wir einen aufmachen?
Ja, aber schnell, bevor Opa uns sieht.
In den Säcken sind Erwachsenenhemden in vielen Farben. Manche mit Mustern, Karo oder Streifen, blau, gelb, braun oder weiß. Manche lang-, manche kurzärmelig, manche mit Taschen und manche ohne.

Wir machen eine Modenschau!
Okay, sagt Sara. Neidisch, weil ich die Idee hatte, nicht sie.
Zuerst suche ich mir ein weißes Hemd aus und sie sich ein hellgrünes mit dünnen gelben Streifen. Weil ich klein bin schleifen die langen Ärmel über den Boden, wenn ich nicht aufpasse.
Dein Hemd sieht aus wie ein Kleid von Oma, sage ich.
Du siehst aus wie ein Nachtgespenst!
Wir kichern und lachen und machen aus dem Flur einen Laufsteg. Als nächstes probiere ich ein blaues Hemd an, Sara ein rotes mit spitzem Kragen, und wir haben vergessen, dass Opa, der vielleicht beim Radiohören eingeschlafen ist, uns nicht bemerken darf.
Nach der Modenschau wollen wir eine Höhle aus den Säcken bauen. Ein Haus mit Wänden aus indischen Hemden. Aber es funktioniert nicht, die Decke stürzt immer wieder ein. Also klettern wir schließlich ganz oben auf den Kleidungsberg und springen hinunter in einen weichen Haufen Hemden. Der Moment, wenn man in tausend Regenbogenstoffen versinkt, ist der beste und deswegen klettern und springen wir immer wieder, klettern und springen und klettern und springen.
Als wir hören, wie die Haustür aufgeht, legt mir Sara einen Finger auf die Lippen, hält meinen Arm fest. Oma, raunt sie, schhh.
Aber Oma geht schnurgerade am Wohnzimmer vorbei, in Richtung Opas geschlossener Schlafzimmertür und beendet das Schweigen.
Sie ist sauer auf ihn, flüstert Sara, wegen den Hemden.
Eigentlich ist es gut, dass der Importexport nicht funktioniert, dann können wir jeden Tag zum Spielen herkommen, sage ich. Sara überlegt kurz, bevor sie antwortet, dass das egoistisch von mir ist. Samus Worte fallen mir wieder ein: Bitte, *bitte* nicht, hat Opa gesagt, als die Männer die Hemden gebracht haben.
Ein paar Mal noch klettern wir auf den weißen Berg und springen hinunter in bunte Farben. Aber auf einmal spüre ich den Boden hart und kalt unter den Stoffen der Hemden. Es tut ein bisschen weh beim Aufprallen. Omas Wutstimme weht durch den Flur zu uns herüber, spitze Wortsplitter stechen uns in die Haut. Irgendwann geht eine Tür auf und zu, schlurfende Schritte auf dem Holzboden im Flur und die nächste Tür, die Haustür, geht auf, dann zu.
Lass uns nach Hause gehen, sagt Sara und ich bin froh darüber.

Draußen in der Einfahrt sitzt Opa auf einem Klappstuhl. Seine Haut ist zerknitterte Seide und die Haare auf seinem Kopf sind weißer als die Mauer

des Hauses hinter seinem Rücken. Ich wünschte, ich könnte ihn trösten.
Habt ihr schön gespielt?
Wir nicken, brav. Ja, sagen wir.
Bist du traurig, sage ich und Sara tritt mir auf den Fuß, weil es eine blöde Frage ist.
Opa legt seine großen Hände, zwei schwere Hüte, auf unsere Köpfe. Sagt, wir sollen schnell nach Hause, weil es Zeit ist fürs Abendessen. Versucht dabei zu lächeln.
Als Sara die Einfahrt hinunterläuft, drehe ich mich noch einmal zu ihm um, weil ich etwas sagen will. Aber die Worte zerfließen mir auf der Zunge wie glatter Stoff zwischen den Fingern. Also berühre ich nur kurz seine tausendfaltige Hand, drehe mich um und renne Sara hinterher, die schon auf der Straße ist.

Jellina Dettmer

Gift ist grün, Miss Maisy ist Gift

PROLOG

Straßenschäden. Damit begann all das. „Straßenschäden" stand auf dem Schild, das auf dem Feldweg aufgestellt war. Miss Maisy hatte das Schild nicht gesehen, hatte es ignoriert, ist meine Meinung. Ja, sie musste es ignoriert haben, diesen Hinweis auf die Beschaffenheit der Straße einfach in den Wind geschlagen haben, sonst wär´ das alles nicht geschehen.

Das alles... Ist wirklich so viel passiert? Wenn ich darüber nachdenke, komme ich zu dem Schluss: zu hoch gegriffen. Aber für mich ist alles passiert. Mein ganzes Leben ging in die Brüche. Und ist das Leben nicht alles, was man hat?

Ach, ich wünschte, ich könnte mich von diesen, mir nicht weiterhelfenden Gedanken losreißen, sie einfach vorbeischweben lassen, ganz ohne sie beurteilen zu müssen. Aber diese Genugtuung wird mir nicht gelassen. Tag und Nacht sitze, liege, stehe ich an verschiedenen Orten, aber nie da, wo es gemütlich ist. Und was bleibt mir anderes übrig, als meine Gedanken zu beurteilen?

Ich merke schon, dass diese Tagebuch-Idee sich nur zu weiteren unnützen Gedanken entwickeln wird. Von wegen „das Geschehene aufarbeiten", das hatten die Psychologen gesagt. Aber ich werde ihnen zeigen, dass es sich weder durch unbedruckte Bücher, genannt „Tagebücher", noch durch die zahlreichen Gespräche mit ihnen aufarbeiten lässt! Ich werde so bleiben wie ich bin, traumatisiert von Straßenschäden.

* * *

Miss Maisy betritt mein Zimmer. Ich stehe vor dem großen Fenster. Der Samtvorhang umgibt mich. Er wärmt mich. Er ist rot. Rot wie die Liebe. Ich schließe meine Augen, versuche mich der Liebe und der Wärme hinzugeben, die mir von einem Vorhang geschenkt wird.

Endlich fahre ich runter, verstehe, wie es ist, den Kopf auszuschalten.

Meine Gedanken, als Wolken verkleidet, sind nun keine mehr, die mit viel Last über den Himmel treiben, sie scheinen sich entladen zu haben. Endlich traue ich mich wieder, in meinen Gedankenhimmel zu blicken, ohne zurückzuschrecken vor ...

Eine Hand berührt mich. Ich zucke zusammen. Miss Maisy hatte mich angetippt. Wie auf Knopfdruck verspannt sich meine Schulter. Wie auf Knopfdruck wickele ich mich aus dem Samt, das mich für eine Zeit so geschützt hat.

Ich stehe vor Miss Maisy, in ihre grauen Augen blickend. Liebe finde ich in diesen kalten Augen nicht wieder. Kein Wunder, dass ich in einem Vorhang nach Liebe suche.

Und das ist ebenfalls der Grund dafür, warum ich meine Mutter siezte. Miss Maisy hat mich geboren. Sie ist meine leibliche Mutter. Ja, sie hat mich großgezogen. Aber ist sie eine richtige Mutter? Nein. Vielleicht war sie es mal, aber das liegt schon lange zurück.

Ich bin voll und ganz der Meinung, dass einem seine leibliche Mutter nicht gefallen muss. Man sucht sie sich schließlich nicht aus. Wäre Miss Maisy überhaupt meine Mutter geworden, wenn es mein Recht gewesen wäre, sie mir auszusuchen? Wahrscheinlich nicht.

Apropos Miss Maisy: Sie blickt mich an. Offenbar wollte sie mich in meinen Gedanken nicht unterbrechen. „Komm bitte nach unten zum Essen."

Starr nicke ich. Nachdem Miss Maisy, vornehm wie immer, meinen Raum verlassen hat, seufze ich. Der Vorhang scheint mich zu rufen. Und ich bekomme schon wieder das Gefühl, dieser Vorhang, und nur er, würde mich schützen. Ich fühle, wie meine Beine sich Richtung Fenster bewegen wollen und es entsteht ein regelrechter Schmerz, als ich sie daran hindern will.

Oh, dieser dumme, dumme Vorhang! Schließlich gehe ich aus meinem Zimmer, durch den Flur, die Treppe hinunter und bleibe vor der Esszimmertür stehen. Wie immer ist es leise hinter der weiß lackierten Tür. Und keiner weiß, dass ich täglich Minute um Minute vor dieser Tür verbringe und mich frage, ob ich hinein gehen soll, ob ich das wagen soll. Und dass ich mich Tag für Tag dafür entscheiden muss, da es meine Pflicht ist.

Doch jetzt müssen sich meine Gedanken zurückhalten, bis zu einem späteren Zeitpunkt, an dem ich alleine im Samt versinken kann.

Wie immer ist der Tisch vornehm gedeckt und an seinem Ende sitzt wie immer Miss Maisy. Ihr Blick starr wie immer.

Wenn ich mich in der Küche umsehe, sehe ich nichts. Das Einzige, was diese Küche ausmacht, ist die widerliche Reinlichkeit, die darauf hindeutet, dass sie niemals überhaupt benutzt wird. Es befinden sich nirgendwo Bilder, die sonst so oft am Kühlschrank hängen, nirgendwo sind Kratzer oder irgendetwas Anderes, was zeigen könnte, dass hier jemals etwas Anderes als das ständige Essen geschieht.

Ich nehme meinen Platz am Tisch ein. Vor mir stehen zahllose Speisen, alle teuer und wertvoll. Aber wer würde sich noch über so etwas freuen, wenn es dem täglichen Speiseplan entspricht?

Miss Maisy nickt mir zu. Es darf zu den Speisen gelangt werden. Die zierliche Frau mir gegenüber greift zu einer Traube. Auch ich habe keinen Appetit. Ein kleines Stück Baguette wird mir ausreichen. Traurig lasse ich meinen Blick über die unberührten Speisen schweifen. Ist dieser pure Überfluss nötig? Nein. Nein, Orangen, die tagelang nur rumliegen, bis sie dann kläglich verschimmeln, können nicht nötig sein. Miss Maisy scheint zu merken, dass ich keinen Hunger habe. Während sie ihre Weintraube mindestens hundertmal zerkleinert, sieht sie so vornehm und abgehoben aus, dass ich den starken Wunsch verspüre, aufzuspringen, sie anzuschreien, sie durchzurütteln. Doch selbst wenn ich es täte, wäre das einzig mögliche Resultat, eine streng nach oben weisende Hand, die mir bedeuten würde, wieder in mein Zimmer zu gehen. Ja, am Ende hätte ich wieder nichts gewonnen.

Und obwohl ich weiß, dass ich nie etwas finden werde, suche ich so oft nach menschlichen Eigenschaften in ihr. Es kann ja nicht sein, dass sie diese komplett verloren hat. Oder doch? Ich weiß nicht mehr, wie oft ich schon versucht habe, ihr eine Emotion zu entlocken, wie oft ich schon enttäuscht wurde. Sie ist und bleibt ein Monster ... und meine Mutter.

Miss Maisy betrachtet meinen endlosen Vorgang des Kauens, ohne eine Miene zu verziehen.

Eigentlich sollte ich ja daran gewöhnt sein, immer einen glotzenden Menschen vor mir zu haben, doch das Gegenteil ist der Fall. Mein Gehirn hat sogar schon angefangen, Träume davon zu entwickeln.

Nach einer scheinbar endlosen Zeit verlässt Miss Maisy den Raum, nachdem sie mir zunickt.

Eigentlich bin ich für sie doch nur das nervige kleine Kätzchen, das dreimal am Tag Essen bekommt und froh sein soll, wenn es hier und da mal einen Schluck Milch ergattert.

Es scheint vollkommen an ihr vorbeigezogen zu sein, dass ich Gefühle habe.

Stumm bleibe ich sitzen, das kaum angebrochene Mahl vor mir. Bald werden die Bediensteten es abräumen, als wäre es das Natürlichste der Welt, werden Essen verschwenden, werden mich traurig stimmen. Um das nicht mitansehen zu müssen, erhebe ich mich von meinem Platz.

Ich bin träge, die Luft ist träge, alles ist träge. Der Weg zu meinem Zimmer scheint weit, viel zu weit. Nach endlosen Treppen und Fluren erreiche ich es schließlich. Mein Zimmer: das schlichteste Kinderzimmer der Welt und doch der bunteste Raum im ganzen Haus. Innen stelle ich mich sofort vor den Spiegel, eine Methode, die mir hilft, mich selbst zu entdecken. Mein rotes Haar fällt mir über die Schulter, mein blaues Kleid bedeckt meine Knie. Meine Augen, das wohl normalste an mir, huschen hin und her, scannen meinen Körper und bleiben an meinen Armen hängen. Sie sind verbeult und knubbelig und nicht sehr akkurat geformt.

Und dann sehe ich SIE wieder, sie scheint mich anzuspringen, mir sagen zu wollen, dass ich mich in die Zeit hineinversetzen soll, das alles wiederholen soll, aufs Neue einen Sterbenden sehen soll. Langsam, doch so schnell wie ich kann, lenke ich meinen Blick weg von der schmerzenden Narbe, die sich quer über meinen Arm zieht.

Schnell ziehe ich mein Kleid aus, reiße es förmlich weg. Ich öffne die Schublade meines Schranks, greife wahllos hinein und halte schließlich meinen Lieblingspullover in der Hand. Die grünen Streifen erinnern mich an Gras, an Natur, an Wiesen. Grün wie die Hoffnung. Und obwohl grün so eine strahlende, saftige Farbe ist, hat sie einen Haken: Gift ist grün. Grün ist Gift. Die Hoffnung verliert gegen Gift. Und so endet die Hoffnung auf Natur, die Hoffnung auf Gras und Wiesen, vergiftet von derselben Farbe.

Wie versteinert stehe ich in meinem Zimmer, der Pullover liegt vor mir auf dem Boden. Meine nutzlosen Gedanken haben mich davon abgebracht, ihn anzuziehen. Langsam schiebe ich den Pullover mit meinem Fuß unter das gemachte Bett, lasse sowohl Gift als auch Hoffnung verschwinden.

Für eine Zeit schien ich die Narbe vergessen zu haben – oder wohl eher verdrängt. Doch ein schier harmloser Blick in die falsche Richtung bringt meinen dringlichen Wunsch zurück, sie zu bedecken. Der zweite Pullover, den ich aus meiner Schublade ziehe, ist blau. Eine dunkle, sympathische Farbe. Doch bevor ich mir von meinen Gedanken auch dieses Kleidungsstück verderben lasse, streife ich es mir über. Ich lasse die langen Ärmel bis über meine Hände fallen. Endlich ist sie bedeckt. Endlich verschwindet der Schmerz, den die Narbe mit sich brachte.

Und auch wenn bisher alle Fachpersonen, mit denen ich gesprochen habe, gesagt haben, ich solle meine Vergangenheit nicht weiter ignorieren, glaube ich ihnen kein Stück. Traumata kann man nur ignorieren, bis sie verschwinden.

Das Bett scheint einladend auf mich, doch dann fällt mein Blick auf den Vorhang. Wie auf einen alten Bekannten laufe ich auf ihn zu und lasse mich vor ihm auf den Boden fallen. Die Sonnenstrahlen haben den Vorhang angewärmt. Ich fühle, wie sich pure Entspannung in mir ausbreitet, als der Samt über meinen Rücken gleitet. Und obwohl mich die Berührung zufrieden stimmt, weiß ich, dass dies nicht gesund sein kann, dass ich verrückt bin und dumm.

Doch der Vorhang hält mich, schützt mich, fängt mich. Und obwohl ich widerstehen will, normal sein will und nicht verrückt, werde ich müde. Das Bett scheint sich von mir zu entfernen, es scheint nun vollkommen unmöglich, mich dort niederzulassen. Und da liege ich, abends, von einem dummen Vorhang bedeckt. Doch er scheint das Einzige zu sein, er liebt mich. Mit geschlossenen Augen begebe ich mich schließlich in meine eigene stille Welt.

DER TRAUM

Es ist dunkel, der Regen prasselt gegen die Fensterscheibe. Ich höre Arturs Atem, er schläft. Manch einen hätte das wohl beruhigt, doch mich macht es beinahe aggressiv. Mama sitzt am Lenkrad, Papa daneben. Die Reifen quietschen auf dem Asphalt, als unser Auto um die Kurve schlittert. Als ich sehe, wie wir auf einen leeren, dunklen Feldweg biegen, wird mir kalt. Ein Schild steht am Rande des Weges. „Straßenschäden“ steht darauf.

Irgendetwas wird passieren. „Mama, ich ...“, setze ich an, doch ihre kalten Worte durchschneiden die meinen: „Wir brauchen deine Angst gerade nicht, wir haben alles durchdacht.“

Ich bekomme Gänsehaut. Die Tatsache, dass ich immer noch nicht weiß, wo Mama uns hinfährt verstärkt sie. Ich blicke zu meinem kleinen Bruder, er atmet ruhig. Ich versuche mit ihm zu atmen: ein und aus. Und ein. Und aus.

Aber ich werde hektisch, atme schnell und kurz. Jetzt bloß nichts sagen, bloß niemanden verärgern. Doch auch mein Herz schlägt nicht mehr im Takt, bekomme Angst. Angst vor dem Feld, Angst vor der Dunkelheit, Angst vor dem Tod. Ich bekomme Todesangst. Verzweifelt halte ich mich am Sitz vor mir fest, doch meine Hand rutscht wieder ab. Ich beginne zu keuchen, mir wird schwindelig.

Und dann, endlich durchbricht meine Stimme die Sperre, die sie so lange zurückgehalten hat, ich brülle: „Stooopp!“. Bald darauf wird mein Gesicht heiß und scharfe Tränen rinnen hinab auf meinen Schoß. „Anhalten, jetzt!“, schluchze ich. Papa dreht sich zu mir um: „Gleich, wir halten gleich an.“

Mir wird schlecht, ich reiße den Gurt aus der Sicherung, stehe im Auto und weine. Artur blickt mich verunsichert an, er ist aufgewacht.

Und dann passiert es ganz schnell, ich weiß nicht wie, aber es passiert. Unser Auto kommt vom Weg ab und rollt in den Wald auf der anderen Seite. Artur schreit. Mama schreit. Papa schreit. Alle schreien. Alle, außer ich. Meine Augen werden groß, ich setze mich hin und starre nach vorne. Ich kann nicht fassen, was gerade passiert, sitze da, als wäre ich versteinert. Ich weiß nicht, wer daran Schuld hat, bin ich es oder sind es die Straßenschäden?

Erst ein lauter Knall erweckt mich wieder und ich sehe, wie das Auto in Flammen steht. Kurz darauf ist Mama da, sie öffnet die Tür und nimmt mich auf den Arm.

Bevor sie jedoch auch Artur greifen kann, fällt er bewusstlos auf die Seite, schlägt mit seinem Kopf auf und bleibt liegen. Schnell mache ich mich von Mama los und rüttele an ihm. Er bleibt starr. Mama zerrt mich weg. Ich kämpfe dagegen. Schlussendlich gewinnt sie den Kampf, zieht mich weg und ich muss meinen Vater und meinen Bruder im brennenden Auto zurücklassen. Wenige Sekunden später explodiert es.

Schweißgebadet liege ich da. Nein! Nein! Hätte Miss Maisy nicht ... hätte ich nicht ... wäre ich doch nicht so ängstlich, so leichtsinnig, hätte ich doch einmal meine blöden Gefühle für mich behalten ...

Schwer atmend blicke ich mich im Raum um. Der Schrank ist da. Das Fenster ist da. Das Bett ist da. Alles scheint normal. Aber in Wirklichkeit ist niemand da. Da für mich. Da um mich zu beruhigen, da um mich in die Arme zu schließen. Ich bin gezwungenermaßen Einzelgänger. So wie Miss Maisy sich das wahrscheinlich schon immer gewünscht hat. Denn Straßenschäden sind normalerweise ernst zu nehmen – wenn man seinen Sohn und Mann nicht umbringen will.

Nach dem nächsten hektischen Atemzug stehe ich neben meinem Bett. Die Uhrzeit ist mir egal. Wie meine wirren Gedanken husche ich im Zimmer hin und her, von Schrank zu Bett zu Fenster. Ich muss raus! Jetzt! Das Fenster ohne Griff scheint mich gehässig anzugrinsen, öffnen kann ich es nicht. Ich will schreien, will etwas kaputt machen. Doch meine Stimme ist gesichert. Gesichert in meinem Bauch und da wird sie niemals rauskommen. So wie sie in mir eingesperrt ist, bin ich es hier. Hier werde ich unterrichtet, hier geht es mir gut. Halbwegs. Doch was würde ich außerhalb tun, wie würde ich mich verständigen. Ich bin bloß ein Kind, ein Kind, das nur in seinen eigenen Gedanken existiert.

Soll ich wirklich raus? Mein pochendes Herz sagt nein schreit, ich solle es tun. Mein Verstand hält dagegen. Ich höre auf mein Herz und renne los, hänge mich mit einer Kraft, voller Angst, an die Türklinke, bis die Tür aufschwingt. Viele Treppen geht es nach unten, weiter und weiter, bis sich vor mir die große Eingangstür aufbaut. Und obwohl ich weiß, dass sie verschlossen ist, rüttele ich an ihr. Der Krach, der dabei entsteht, ist mir egal. Sollen sie doch alle aufwachen, sollen doch alle wissen, dass ich raus muss. Ich ziehe an der Tür, drücke sie wieder weg. Aber was soll das schon bringen? Ich weiß, dass sie verschlossen ist, ich weiß, dass Miss Maisy mich niemals gewinnen lassen würde. Also das Fenster in der Küche! Als es nicht aufgehen will, meine ich, meinen Verstand lachen zu hören, zu hören, wie er mein Herz auslacht, weil es geglaubt hat, es könne mich zur Freiheit leiten. Kurzerhand schnappe ich mir ein Nudelholz und schlage auf das Fenster ein. Geh' kaputt! Geh' kaputt! Geh' kaputt! Mein Herz schlägt wieder fröhlicher gegen meine Brust. Und wie ich so auf dieses Fenster schlage, werde ich wütend. Vielleicht wegen Miss Maisy, vielleicht meinetwegen. Vielleicht, weil ich fast alle aus meiner Familie getötet habe. Es wird laut, das Fenster gibt nach, die Scheibe klirrt. Splitter. Keine der fliegenden Klingen trifft mich, doch mein Arm beginnt zu pochen. Die Narbe scheint auf- und abzuhüpfen, um erneut auf sich aufmerksam zu machen, doch entschlossen ziehe ich meine Ärmel tiefer und mache mich dann auf den Weg aus dem Fenster.

Atmen. Atmen. Ich stehe draußen. Tatsächlich! Dunkelheit umgibt mich. Doch trotzdem scheint dieser Moment heller als jeder andere meiner Vergangenheit. Frische Nachtluft strömt in meine Nase. Stumm lasse ich das Nudelholz fallen. Meine Brust hebt und senkt sich hektisch. Vor mir ein langer Feldweg, der in einen Wald führt, hinter mir ein grauer Klotz, mein „Zuhause". Doch das soll es nicht länger sein. Ein leises Klicken und ich drehe mich um. Die Front des großen Gebäudes mit mehreren Fenstern wirkt bedrohlich. Und auf einmal geht Licht an hinter einem Fenster. Genauer gesagt, hinter dem zweiten von links oben. Ein Schatten ist zu sehen, ein Schatten, der, auch ohne das Gesicht, unverkennbar ist. Miss Maisy öffnet das Fenster und schiebt ihren Kopf durch den Rahmen. Mein Gesicht wird heiß, als ich abwechselnd auf Miss Maisy und das zerbrochene Fenster vor mir starre. Das Gesicht von Miss Maisy bewegt sich nicht einen Zentimeter, sie schreit nicht, sie spricht nicht. Sie lächelt.

III.

jetzt, gerade da,
dieser komische,
schräge, /
kaum zu verzehrende
Moment

Helena Engel

Studien

Портрет на Н. Лилиев, 1924

wie es um ihn verstaubt und sich verdüstert,
über die Augen, herum zum Hals, hinab verschwindend in dem
krawattierten Kragen. Wie muss man ihn gesehen haben,
zeigt sich in dicken
in schwarz-faserige Stricken, die abstauben
zur Erhaltung der Art. Kunst zeigt
den Glanz der Zeit,
die er saß und wie ein Öl die Minuten aus sich schwitzt, die Arme in Ärmeln,
die Finger ineinander verschwindend.
Der Blick in derselben Leere, die
ohne Wasser in dieser Dürre wäre, um ihn herum sich vergießend

Портрет на Ив. Тутев, 1922

alles verschweigt sich in fröstelnden
Tonierungen, Farben so blau wie deine Fingerkuppen, sie glühen, sie
verblühen mit jedem Pinselstrich. ihre Schönheit auf Leinen versenkend.
könnte das kein Totenbett sein, kein lachendes Auge, ein zentriertes Herz
verborgen hinter dem dicken Öl einer Panzerhaut. wann hat er sich diesen
Panzer gebaut? und die warmen Nuancen
verschwinden darunter.

Портрет на Маша Живкова-Узунова, 20-те години на XX в.

worin stellt sich klar, was er sieht in dir, deine Augen
halb geschlossen wie von Tumoren betroffen
in ein braun-geschmiertes, sparsam verziertes Antlitz von dir.
Deine Haut verweist gelblich auf Weisheit; zählt nicht:
was war bevor dir?
vergilbst mit dem Rahmen, die Haare verzahmen in
weichesten Pinselstrichen.
die dich führen ohne dir die Hände zu geben; aber Worte, die dich
erblinden und sich nur in
kondensiert invertierten Linien an deine Fassade finden. Du könntest sie
nicht trocknen, wie unbehandelte Tränen
bleiben sie an deinen Seelenknochen stocken, dort wo es wehtut sie
abzukratzen. Sie kompostieren sich bräunlich.

Невеста, 1925

sie ist keine echte Person,
reine Emotion ihre Stimme.
versammelt in einer Linie, die sich verzagt in ihr
Rot spiegeln ihre Augen
verweint und gehoben die
Tauben, die sie verloren wissen
und auch sie sich weiß.
sie hält sich als hätte sie Angst vor Umarmung, sie fällt sich als hörte sie
klingende Warnung,
und die traditionellen Gesänge.
Klänge das nicht alles so farbig in ihren Ohren
und die Wolle um sie so dunkel
und das Wollen in sich gemörsert
in einen einzigen Atemzug
der ihr geheim
auch den Schmerz antut

портрет на Николай Масалитинов, 1927

wie verteilt sich in der Kunst, in Gedanken,
einem Tunnelblick, wo er sitzt, ein Ebenbild der Vernunft.
gezeichnet mit durchdachten Linien
nur aus eigener Hand.
verträgt sich der Sand
in der kolorierten Anzugnaht mit den
Kompromissen, um die man ihn bat.
versuchst du noch seinen strengen Ideen zu entfliehen oder dem
verkünstelten Zwang,
den Moment zu fangen
als ein verängstigtes Wesen,
in dem sich Mächte klären
und eins ins andere verzehren.
Er schüttelt den Kopf, wofür wird Kunst kreiert,
wenn sie nicht stopft und
Geld mit Begabung verwirrt.

Портрет на Ива, 1937

ihre Züge sind kantig und flüssig wie nasser Beton, Feinstaub
könnte man meinen bröselt aus ihrem Blick. oder eine dunkle Verwehung,
die zieht Hypnosen durch ihre Pupillen. alles verschwindet im Dämmern
eines wolkig
flackernden Tageslichts
sage nichts
schreibt es vor, sonst wird es bald Nacht.
frage nicht was in der Dunkelheit
noch wartet. unter Vorhängen
ist dahinter
und unter den blau blutenden Farbkassetten, die sie
hängenden Lides betrachtet; frage nicht.
Ihr Mund kennt keine Weichheit, Fingergelenke
keine Zwanglosigkeit
wenn sie dir wie mit Belanglosigkeit
über die schwülstigen Lippen fahren.
Wer bist du?
Fragen sie ohne Wunsch nach Antwort.
Wer bist du, fragen sie als suchten sie sich selbst in anderen Häuten.
wenn man sie sich zu dick aufträgt, bröckeln sie schnell
von den Gesichtern, den Ellenbogen und
den verborgenen Kammern im Herzen.

Портрет на Слави Генев, 1931

dringt sein Blick
so verschwommen er auch ist
nicht tief, tief aus dem gedanklichen Gesicht hervor? Fand ich in
Observation eine Menschlichkeit, geisterhaft
bleibt sie nur zwischen gerundeten Fingern und Zigarettenkippen in
einem Schleier (sich verringernd)
vor sich hin gelassen.
Seine Gedanken könnten formen:
sozusagen Hochkomplexitäten in
zwei, drei Sätzen zusammengefasst. also:
graben humane Universen mit verzweifelt-graziösen Versen eine
Suggestion von Blöße und Sittung
in die verwaxten Gedanken und geliertes Haar,
Gel hält sie hinter den Ohren,
so weit ich es sah.

голо тяло, 60-те г. на XX в.

Deine Nacktheit verrät nicht,
was verletzt dich?
wie im Zwang oder gefesselt
bist du so eingekesselt
mit Farbe gefangen,
es hat an ihm gehangen
sag
mag
es sein dass du verschleiert
in dir ausgeleiert
ohne dich weiter gehst
und stimmlos flehst
auf dem weg
um dich selbst zu finden.
aber deine Blöße verträgt nicht
sag, was verletzt dich?
ich kann dich nicht weiter so sehen,
schweigend dastehen.
ich kann dich nicht weiter so sehen.

Oskar Eberhard

Gedichte und Prosaische Miniaturen

Frühling oder tausend Wege neu zu stagnieren

Auf tranquil unterwegs; Gratismentatlität,
Spaziergang im Magnolienzauber. Falsch
schimmernd, nämlich Populismusblüten.
Bitte aufmerksam hören: Die Vogelpredigt.

Er sprach von dem Bald-kommt-der-Sommer-
Gefühl. Das Düstere hinterlassen, nämlich hinter
Dir las-   sen. König der Ausreden:
Ich bin was ich bin, weil ich so ward.

Lass den Vogel leben du muskulöser Schwächling!
Blamage: In Kleidern auf etwas Entkleidetes zielen.
„Leg die Waffe weg, wonach sehnst du dich mein Kind?"
Belehrung; das Jetztsein jetzt sein lassen.

„Gaia, da liegen mir andere Fakten vor."
Erst Gren//zen sollen Räume bieten.
„Ich will alles, weil mein Kopf sprudelt":
Durchbrechen. Sehnsucht nach nie erlebter Nostalgie.

Eine Welt ohne Namen; kein Begriff für eine Fassade.
Wie sprechen wir (miteinander)?
Glauben als eine Form des Zweifelns und Zweifeln
eine Form des Glaubens.

Schräg schauen, um die Welt grade zu sehen, aber
gehörlos. Denn diese gehört dir nicht.
Rausgehen und Bilder beschreiben (formlos).
Das Leben existiert draußen.

Der Geruch von Regentropfen auf Asphalt,
algorhitmische Schattenengel. Heimat
in der Vertrautheit des Fremden: Wunderschöne
Melancholie. Heute ein Lächeln in die Welt schicken, bitte
aufmerksam sehen: Die Natur, nämlich visuelle Musik.

gute besserung ist ein oxymoron

Ein Litfaßsäulenspruch; Sprache
lässt sich nicht auf Verbalität beschränken.
Ich sage was, was du nicht siehst.
Ein Kuss ist ein Wort. Wir atmen in Buch
s t a b e n.
Früher haben wir viele Schmetterlinge gesagt
ob ich damit den Frühling gemeint haben werde?

Es gibt Namen der Namenlosigkeit!
Und Schmerzen, wenn man Gedanken verliert.
Goldverzierte Tränen sind
immer noch Tränen.

Nie wieder

Und ich war angekommen im Aufzug zu der Wohnung meines Onkels. Sie liegt im dritten Stock und mittlerweile wohnte er hier seit acht Jahren, obwohl er diese Stadt hasste. Als ich im Aufzug war, drückte ich den Notbremsenknopf. Und Nein, ich bin nicht verrückt und der Aufzug blieb auch nicht stehen, denn dazu müsste man den Knopf mindestens fünf Sekunden gedrückt halten. Vielmehr war es ein Gedanke, der mich reizte: Ich, der erst seit wenigen Wochen in dieser Stadt lebt und vor allem nicht täglich mehrmals in diesem Aufzug fuhr, hatte womöglich etwas getan, an das mein Onkel in über acht Jahren vermeintlich nie gedacht hatte. Ich spielte mit einem Risiko und spürte, dass ich wahrscheinlich der erste und letzte meiner Familie gewesen sein werde, der diesen Knopf, in diesem Aufzug, in dieser Stadt gedrückt haben wird. Und das reizte mich viel mehr als das kleine Risiko, dass der Aufzug wirklich stecken bliebe; das Gefühl, dass ich eine Umgebung in wenigen Sekunden neu entdeckt und ausgereizt hatte.

Elixier

Als Kind habe ich mich ab und an auf meinen Atem konzentriert und gemerkt, was das Atmen eigentlich für ein aufwändiger Prozess ist. Vor allem, während ich ans Atmen dachte, fiel es mir für eine Zeit unmöglich, diesen Prozess unbewusst werden zu lassen. Das runde Licht spiegelt sich in der Fensterscheibe und erscheint flüchtig in den türkisblauen Kristallstunden eines frostfrühen Winterabends. Das sieht aus wie der Mond, dachte ich. Vielleicht ist das der Grund, warum Illusionen Beine haben. Um laufen zu können. Wir atmen durch unser ganzes Leben. Hören wir auf zu Atmen, ersticken wir.

Form(-los)

Ein Schüler beschäftigt sich mit einem bunten komplexen Zauberwürfel im Bus und zeigt seinem Freund stolz, wie er eine Seite gelöst hat. Nicht 3x3, sondern 8x8. Sein Freund erwidert mit einem Reel und zeigt ihm einen Würfel, der seine Form als Würfel schon längst erkenntlich verloren hat. Pyramiden ragen aus seinen Formteilen heraus und verschmelzen in Prismen, fragen nach der Bedeutung und dem Ursprung eines Körpers. Heranwachsende Körper und die Frage nach dem Sein, verformte Körper und die Frage nach der Form. Es riecht nach Sonnenstrahlen. Eine Nostalgie, diese Schulzeit. Rausgehen und das Leben erfahren oder das Leben am Bildschirm sehen, zweidimensional; keine Form, sondern Fläche. Und, ach, die Schulzeit: Lass mich wirklich lernen, das Sein zu schätzen. Wann soll denn jetzt etwas besser werden?

Julian Sebastian Fröhling

Betrachtungen

Aberratio

Der Sommer hat einen schwerwiegenden Duft, die unge-

waschenen, flackernden Vögel. Zwischen den quietschenden Reifen

die Wiese ganz beiläufig kahlgemäht, der eingeknickte Mohn wie

eine Lache. Und ein Genick. Höre das Schwingen des Bandes, Leder

höchstwahrscheinlich Fetischware. Es ist beinahe wolkenlos: Die höheren

Häuser gemacht aus glanzweißen Fliesen. Was hinter mir trottet, rosafarben

zum Aufsitzen groß, mein mögliches, ledrig-schielendes Gefährt. Als hätte

man alle Neigungen, Zuwendungen, Küsschen in diesen schweinenden Körper

gepresst. Heute muss ich den Tag auf die Schlachtbank führen,
urzeitlich ein Oink.

Durchreise

Einer hat den Hund wie eine Tasche
im Griff – beißend der Geruch von Urin,
ein kläffendes Loch in der Wand, unge-
putzt. Der Wind einfahrender Züge steht
gegen uns, von überall Angriff, als schlügen
wir uns durch einen Darm, dazu das plötzliche
Oberlicht. Wir sehen wie ein Lippenstift ver-
schwindet unter dem Fell und haben kollektiv
kein Wort, streunen im plötzlichen Dunkel
und finden einen Vergleich.

Mit den Möwen

Bin mit den Möwen, beachtlich die Höhe

der Dinge, die in unserm Flug verschwinden, ganz

egal ob Münze oder Fünfstockhaus. In vielen Fenstern

finden sich die Wolken, daran hätte ich beinah nicht gedacht,

wie sie auch hier vorüberziehen, erinnern an den Traum

und seinen notwendigen Niederschlag. Wir aber sitzen, das heißt:
sie stehen,

entspannt die Beine im Federkleid, die Flügel, wie weiße Papiere,

sorgsam eingefaltet. Meine Nase zeigt umher, kein Duft kommt

herauf. Dann, plötzlich, das wildverworrene Geschrei, das viele unten

mit Typhonen gleichsetzen, oder dem Klingeln von erhitzten

Strandhandys. Man sucht in Aufruhr Nester, die, wie Gischt das

Dach hinaufgespritzt, in eckiger Verwirrung sich verwechseln.

Während Schnäbel sich die Federn rupfen, fällt ein Ei und einer
lebt wie gepellt.

Mai

Ich hatte mich im Sprung befunden, lang, lautlos. Einem,
der unter Wasser ist. Als würden alle Moleküle für Sekunden
schwitzend aneinanderkleben, nur durch meinen anhaltenden Widerstand
langsam sich trennen. Glitzern um mich, gehackte Sonnen, Schnipsel,
die mir Erinnerungen anstacheln, wie man als Kind, ein Pfeil,
so schoss von Rand zu Rand, ein eingespeistes, wandelbares, Viech.
Dann kam ich auf und es kam Regen, Nasses in das Haar. Die Schultern,
halb schwebend,
überrascht geflohen in Gänsehaut, die Tropfen plötzlich auch
in Winkeln, die sie im Kontakt zum Becken finden. Schließlich also
alles überall. Ein wilder Regen, ähnlich einem Feuerwerk. An Land
bleibt davon nur ein trockner Hustenanfall, bei dem die Krümel fliegen.

Schrödingers

Hundert Meter weg, hinter der Ecke ein
liegender Schuh, etwas, am starren, enthaltsamen Geh-
weg zum Schlüpfen. Reiße, zäh, aber mit Überzeugung,
seine Sohle aus. Das harte Herz. Schlendere mit kreuzweis Schritten,
humpelnd, wie ein Hula-Hopp der Schuh kreisend. Was haften bleibt,
hängt sich an Fersen. Was sich sogleich einstellte, war ein Schleichen
und danach ein Schnurren unten. Das war die Katze Schrödingers.
Wie eine Socke seh' ich sie inmitten dieser Box aus Leder,
Naht und einem unabänderlichen Fußabdruck. Die Augen gut
erkennbar grün, sind aber, Fehler, Blatt. Die Pfoten,
wie der Samtglanz, wenn das Licht ausgeht, fallen, angehoben,
schnell zurück ins Schwarz.

Der I

Glattgestrichener Himmel oben, an höhere Gewalt denkt man,
während er lehnt an dem einzelnen, von Bänken umbauten

Baum, vorsichtig. Die Jeans hat er angekrempelt überm Fuß
der, wie ein Krokodilmaul diese Spitze, Schlamm durchwatete.

Zumindest weiß ich, hier wird Kunstleder gekauft, so wirklich ist
das nicht, und ebenfalls das leichte Lächeln, als wär' es angeweht. Dünn

ist es, wie sein Haar, und so scharf wie zerbrechlich. Er schaut
hinauf. Nicht allein, weil das Laub schüttelt, auch wegen der

undurchsichtigen, plötzlich sichtbaren Durchblicke (ich weiß: alles
glatt wie Beton). Plumpes Pochen der Schuhe das entrückt. Man

soll sprechen von seinen Augen: hellgrün und folgen einer Drohne,
ein zweites Video, dem folgt er bis sein Hirn beinahe für ihn ein-

sichtig, ganz offenbar ist das sehr schmerzhaft. Er wird sich aus-
breiten, wie eine Schrift, die glatte Fläche zum Liegen benutzen,

und unwissend schnarchen wie ein Kind. Rolle die Augen,
bringe ins Bett, wie ein Zittern beim Grölen dunkelnder Wolken.

Der II

Widerspiegeln was sich widerspiegelt: helle, leuchtende, grelle Bilder.
Genaueres nicht erkennbar, im Halbrund der Augen, der perfekt geformten

Parabel. Ein Hinweis könnte der Sound sein, kurz, immer mal wieder
derselbe, wenn wieder der Daumen, derselbe, ausfährt: Wiederholung im

Realen heißt Reel. Zu sagen aber wo er schwimmt, im Schnipselmedium,
geht kaum. Kaum geht eine Vermutung weiter als ein Goldfisch denkt. Haar

hängt, fransenhaft, artifiziell, davor. Sein kleiner Showvorhang.
Im Fenster wäre eine weitere Möglichkeit, das gibt aber nicht mehr

als Rückenlicht für seine Schultern, einen Eindruck seines Hinterkopfes,
wo die Haare kraus wie Straußenfedern steh`n. Ein kleiner Prunkbau, der sich

so – das wirre Leuchten seines Blicks, der Strom an seiner Hand –
nicht wiedergeben lässt. Nicht spitzfindigen, kühlen Blicks.

Der III

Im Zeitsprung stehengeblieben: jetzt, gerade da, dieser komische, schräge,
kaum zu verzehrende Moment: die wackelnde Perücke auf dem Kopf, die -

Trägheit jedes Fortgangs - abzufallen droht, als sein Kopf sich bückt.
Liegend, plastik-

verpackt: die Waffe, um den Schein zu lüften, den weit gefassten,
weißen Ärmel

mit Ketchup zu bekleckern. Wie die Geschichte mit Blut. Ein unschöner,
unumgänglicher Umweg. Es töst, wie Schiffsturbinen, bläuliche Elektro-

stöße, töst der unterkühlte Bach, anhaltend. Die andern, im Hintergrund,
tanzen,

die Fächer geöffnet, barocke Röcke, sich Luft zuzufächeln, in das
enge Gerippe.

Zuzeiten macht das so heliumleicht. Er aber, mit Wangen, weich behaart
wie Aprikosen, spitzt die Lippen zu, zu einem Kuss, beißt zu. Trifft den Kern

der Sache. Sitzt, den schönen Bauch schief in dem fremden, viel zu
engen Hemd.
Das ist etwas, woran sich einer, der das sieht, die Zähne auszubeißen droht.

IV.

Alles bleibt, wie es ist, / / denn wahre Bescheidenheit / / zeigt Anarchie

Moritz Busch

Spinne (V1) - FEZZEN

001: Traum

Wer kommt denn auf die Idee, eine Bürowand zu fliesen? Menschen, überall Menschen, blaue Hemden, Dick-wie-aus-der-Form-gelaufene-Muffins-Menschen in kleinen Brutkästen aus beigem PET. Abgepackte Menschentacker-Menschen und Kopierer, und es blinken und es piepen die Maschinen auf dem Gang. „Machen s(S)ie dieses", spuckt mir eine riesige raupenartige Nacktschnecke einen Schleimpfropfen auf den Tisch, und ich beginne alles abzuheften (in unmenschlicher und unwirklicher Geschwindigkeit). Die nächste Schnecke schiebt sich, einen grünlichen Film auf dem Laminat hinterlassend, nun ebenfalls in den Stall meiner Galtsau und grölt: „Machen s(S)ie jenes", während sie mir in außerordentlicher Hässlichkeit nun ihrerseits auf den Tisch zu schleimen beginnt. „Nein1", rufe ich, „Nein!", und greife in meiner Verzweiflung zu dem überdimensioniert großen und zehn Zentner schweren Tacker auf dem Tisch und schlage zu. Ich matsche und klatsche den Tackerstein in die Schnecke rein und stehe bald knöcheltief im Gesiff zerhackten und grünlich schleimigen Schneckenfleischs und ergreife, die Realität mich überkommend, die Flucht. Das Großraumbüro ist riesig, geradezu monumental überweltlich in seinen Ausmaßen und hässlich, hässlich, dass wohl sonst keine Hässlichkeit dieses Planeten ihr ebenbürtig sein könnte. Ich renne, renne den endlosen Gang des Großraumbüros hinunter, vorbei an den Zellen, den Brillen, den Krawatten und den Nacktschnecks, und wie ein vom Sturm fast verschlungener Schiffbrüchiger, rette ich mich in den Fahrstuhl wie an den Strand der Insel meines Verstands. Ich verstehe nichts, sehe nichts, höre nichts, habe Angst, einfach nur Angst, habe Angst, ich könnte was falsch gemacht haben, könnte die B2B auf die A2A geheftet oder die Reihenschaltung umgekehrt haben, das weiß man nicht, nichts weiß man, aber man ist schuldig, das auf jeden Fall, und man wird verfolgt, das (ist) auch ganz unmissverständlich klar, und ich muss raus, also drücke ich die 0. Der Fahrstuhl ächzt, als müsste man ihn erschießen, ächzt, als würde er alle paar Sekunden abstürzen, und wie ich noch denke: nein, und: kein Problem, da springt die Kette – und ich fall(e).

Neon B2B minus 1017829 Klemmen ja, ein bisschen salzig an den Ecken. „DU SCHWACHKOPF1 DU VOLLIDIOT1", beschimpfe ich die Fahrstuhltür, beginne kurzzeitig eine Schlägerei mit mir selbst und verliere. MAN MAN MAN, denke ich und stehe auf. Die Fahrstuhltür ist verklemmt, aber mit Gewalt beginne ich sie zu öffnen – dahinter: ein Großraumbüro (FZRRRKTZTTZZ!!1)

Ich begehe Selbstmord. Dummerweise werde ich wiedergeboren und betrete die Halle. Zu meiner Linken ein mit einem Faxgerät zusammengewwachsener Mitarbeiter mit Bart. Hinter allen Türen, zu allen Zeiten, in der ganzen Welt und auf den nächsten: Großraumbüros. Ich gucke mich um, werde panisch. Etwas ist anders, die Halle ist leer, aber nein, nicht leer, nur leer geglaubt. Von der Decke, von der Decke hängen sie – sie alle – erhängt an der eigenen Krawatte – hunderte, tausende blauhemdige junge und alte Gestalten – darunter die Nacktschnecks mit einem riesigen schleimigen Grinsen.

002: Morgen

Ich wache auf. Die Zimmerdecke ist unangenehm weiß und mich überfallen starke, starke Kopfschmerzen und überhaupt: Es juckt, es nässt und in dem Laken klebt der Eiter. „IHHGITT", schreie ich und springe auf. Gestern Abend hat mich ein Sandwich angegriffen (!), und jetzt, da trage ich die Kosten. „Keine Ananas", hatte ich gesagt, „Alles nur keine Ananas", und dann beiß(e) ich da im Delirium einer Betriebsfeier rein und denk(e), ich muss sterben. Ich hasse die Kantine, alles Vollidioten, sie hätten mich töten können, vielleicht haben sie es ja sogar auch wirklich versucht (?!!?!). Ich bin allergisch auf Ananas, FURCHTBAR allergisch. Esse ich Ananas, werde ich von der Ananas zurückgegessen und es dauert keine 5 Minuten, bis ich heißluftballongroß anschwelle, meine Haut abwerfe und als pickeliger, rumeiternder Menschenverschnitt durch die Party rolle und weine. Ich war dann gestern noch in die Notaufnahme gefahren und hab mir Cortison intravenös verabreichen lassen, aber offenbar hat es nicht gereicht. Auf dem Laken eine rotgoldene Kunstinstallation, (<- Zeitverortung) stehe ich auf und schleppe mich unter die Dusche. *NaCktsChneCks,* denke ich mir und schmiere mir noch ein bisschen Seife in die Wunden. Ob der Traum der gestrigen Nacht nun auf den Eiter, das Cortison oder die Werbetexterei zurückzuführen ist, lässt sich nicht mit letzter Sicherheit bestimmen. Doch obgleich ich mein(en) Job hasse, mein(en) Körper auch und mein(en) gesamtes I(L)eben sich anfühlt wie ein stark verregneter Aldi-Nord Parkplatz bei Nacht, muss ich gestehen, dass ich es in Momenten wie diesen genieße. Immer wenn ich dem mir mit Sicherheit bevorstehendem Wahnsinn um Haaresbreite entkommen bin, schreibe ich ein kleines Gedicht. Mein ganzer Kopf stülpt sich über in die Zweidimensionalität einer Seite und dort lebe ich dann weiter. In diesem Sinne: Danke, dass du für mich da bist (!) – ne Schwachsinn, mach die Klammer weg: [!!!!]. Ich muss dir aber jetzt und an dieser Stelle ein Geständnis machen, einfach damit wir uns im Weiteren richtig verstehen: Ich lüge dich an, bevor du jetzt aber zu schnell darüber zu urteilen beginnst, ich tue es nicht freiwillig, ja? Ich habe mein Tagebuch schon immer so geschrieben, als müsste es jemand lesen und oftmals beginne ich zu schreiben, habe ich ohnehin schon längst vergessen, wie es war. Also nimm es mir nicht böse, es ist nichts Persönliches; das Tagebuch ist der belogenste Gegenstand der Welt. Wenn ich dann also so sitze und schreibe stelle ich mir häufig vor, ich werde ein großer Künstler, schreib(e) den Satz aller Sätze und werde in zukünftigen Universitäten oder anderen Lehrkörpern der Zukunft (hallo) von etlichen schlauen Köpfen analysiert und zitiert, aber wenn ich ehrlich zu mir bin (haha) bin ich nichts als ein verachtenswerter Dummkopf, aber auch das schreibt sich mit einem skurrilen Anflug von Stolz.

(...)

003: Regen

„Sie verficktes Arschloch", brülle ich mein(en) Apotheker an. „Es ist mir sowas von egal, ob sie mir glauben, dass ich krank bin oder nicht, weil wissen sie, ich selber ja, ich selber glaube das wohl dolle sehr, aber sie können natürlich leugnen (ich beiße eine Eiterbeule meines linken Arms auf und spucke ihm den Eiter ins Gesicht), dass es mich tatsächlich gibt, Sie H*rensohn." „Nein nein", beginnt es vor mir zu winseln, es wäre nur so, dass man halt ein Rezept für dieses Medikament bräuchte und dass ich wieder zum Arzt müsste und bla bla bla. „ICH HABE SCHMERZEN SEHEN SIE DAS NICHT?!?", schreie ich ihn an und deute auf meine blutunterlaufenen, aufgequollenen Augen und fauche ihn an. Ja, naja doch, natürlich würde er das sehen, zaubern könnte er deswegen aber trotzdem nicht. (?????????)

Ich nicke ihm zu. Den Finger auf dem Knopf liegend wünscht er mir, überraschenderweise relativ freundlich, eine gute Besserung, und ich verlasse den Laden. Bezwungen von (ei)ner Ananas, wenn es nicht so tragisch wäre, würde ich's lustig finden. Überhaupt Allergien, da stirbt man so mir nichts, dir nichts einfach fast an sich selbst. Etwas vollkommen Ungefährliches wird mit solcher Vehemenz beschossen, dass es den Schützen selbst zerfetzt. Ein Missverständnis, eine Fehlinterpretation, ein Erkranken am Versuch, einen Fehler zu beheben, den es nicht gibt. Gestorben am Toast Hawuay. Ich würde mir wirklich wirklich wünschen, dass mich anstatt dessen ein Mercedes überfährt, oder ähnliches.

(Szenenwechsel)

Im Wartezimmer hängen drei hässliche Bilder: als erstes das erste, als zweites das zweite und als drittes das dritte. Alle drei zeigen sie dasselbe Motiv (darauf muss man erstmal kommen): einen Weg (vermutlich montiert) hinein in den Schein eines überweltlichen Lichts. Ganz schön witzig für (ei)n(en) Krankenhaus. Rechts daneben hängt ein Plakat mit einer Auflistung der Prodromalsymptome von Krebs. Ich beginne meinen Hals abzutasten und spüre: nichts. Das würde noch fehlen: Nichts – als letzter Punkt auf der Liste, denn sonst ist so ziemlich alles vorhanden. Atmen Sie? – schwierig. Denken Sie? – Sie sind zu bedauern. Nichts? Sagen Sie, fühlen Sie etwa nichts? Tja, dann rufen Sie Ihre Notare an, es ist um Sie geschehen. Als ich das Krankenzimmer nach einer weiteren Cortison-Infusion wieder verlasse, treffe ich auf Wilhelm, der auf dem Flur vor der Station steht und schreit. Wilhelm hat offensichtlich das Krebsplakat zwei Räume weiter rechts nicht früh genug gesehen, jedenfalls hat er keine Haare mehr auf dem Kopf und eine Tropfsäule in der Hand, die er, wie Sisyphos seine Kugel schiebt, in vergleichbar hoffnungsloser Unendlichkeit durch den Gang zieht. „Ich will aber", schreit Wilhelm und deutet auf eine Packung Zigaretten, die die vor ihm stehende Schwester Agnes festumklammernd von ihm fernzuhalten sucht. „Verstehst du nicht, deshalb bist du hier", brüllt sie zurück. Der haarlose Wilhelm muss, und nach der Reaktion der Schwester zu urteilen, wohl auch zum wiederholten Male, beim Rauchen erwischt worden sein, was dem weiteren Verlauf seiner Gesundheit wohl nicht besonders zuträglich zu sein scheint. „Das ist mir egal", brüllt Wilhelm, „ein nich(t) genossenes Leben, ist ein früher Tod, und Sie, Sie sind ja schon längst gestorben, Schwester! Also, wenn Ihnen wirklich was an meinem Leben gelegen ist, dann geben Sie mir die Schachtel und lassen sie mich sterben." J-O-N-A, flimmert es mir durch den Kopf; sieben Jahre, acht Monate, Leukämie, auf Wiedersehen und gute Nacht. Ich werde wütend, ich werde richtig richtig wütend, gehe auf Schwester Agnes zu, reiß ihr die Zigaretten aus der Hand, ziehe mein Sturmfeuerzeug aus der Tasche und zünde sie an – die ganze Verpackung, zünde sie an und werfe den brennenden FeZZen „Rauchen-schadet-ihrer-Gesundheit“ auf den Boden und die Sprinkleranlage geht an. Es regnet. Das viel zu dicke und geschmacklos großzügig aufgetragene Make-up beginnt in schwarzen Schlieren über ihr Gesicht zu laufen und sie muss lachen. Wilhelm sieht mich an, „Was zur Hölle war das denn?" „Ich gieße den Rasen Ihres haarlosen Schopfes", sag(e) ich Wilhelm, „seien Sie vernünftig und lassen Sie ihn sprießen." Wilhelm muss lachen – „Meine Behandlung ist palliativ."

004: Licht

Ich habe beschlossen, mir eine Analog-Kamera zu kaufen, stehe in einem Analog-Kamera-Laden vor einer Analog-Kamera-Vitrine und betrachte Analog-Kameras. „Entschuldigen Sie, ist das eine Analog-Kamera", frage ich den Verkäufer und er bejaht. Das Gerät, was ich da in der Hand hielte wäre eine Kamera und darüber hinaus funktioniere sie analog. „Ich bin begeistert", sage ich. Die verstörte, aber glückliche Agnes und der verstörte, aber verstörte Wilhelm waren ein Bild gewesen, was mir viel zu schnell wieder verging. Das erste Mal in meinem Leben hatte ich etwas Künstlerisches gemacht und keiner hat es gesehen. Zu meiner Schande muss ich auch gestehen, dass ich im direkten Anschluss meiner Wahnsinnsaktion die Flucht ergriffen hatte und das Krankenhaus noch verließ, bevor der Applaus begann – tragisch. „Kann die (Analog-Kamera) auch hohe (ich mein lange) Belichtungszeit?", frage ich den Verkäufer, und er sagt: „Ja, die (Analog-Kamera) kann auch hohe (er meint lange) Belichtungszeit, wenn sie hohe Belichtungszeit wollen, müssen sie einfach länger belichten." „Ich bin begeistert", sage ich, einfach, weil ich die Momente gerne einsperren möchte. Ich möchte, dass dieser Moment, also wirklich DIESER Moment, sich mit der Sonne, also praktisch eben genau den nähhmlichen Photonen, die ich in DIESEM Augenblick sah, auf die Oberfläche eines lichtempfindlichen Filmes brennt und für IMMER dort verewigt. MEIN LICHT1, MEIN ABDRUCK1 gefangen in einer blau-schwarzen, 32 Momente umfassenden Büchse. „KANN ICH DAS KAUFEN?", frage ich. „Na sicher", sagt der Verkäufer, „dafür müssen sie einfach nur BEZAHLEN." „Ich bin begeistert", sage ich, denn ich würde unglaublich gerne eine Analog-Kamera für mich erwerben.

(...)

005: Rot

Ich stehe irgendwann, meine Kamera in der Hand, irgendwo und erschieße die Leute. Hier aus meinem Versteck im Baum (in einer sensationellen Peinlichkeit von Gestöhne und Geächze war ich hinaufgeklettert), kann ich den Großteil dieser begrünten Fläche (die sich in der Trostlosigkeit Berlins einen Park schimpft), bequem und aus einer ästhetischen Perspektive heraus betrachten. *Knips* Der Film ist voll, ich nehme also einen neuen, lade durch, lege an und ziele. Mein Auge ist schärfer als das eines Adlers (!), mein Finger flinker flink, als mein Auge scharf(!!), ich schieße schneller als mein Schatten und habe den Moment bereits erlegt, bevor das Schicksal ihn begann (!!!) Die Kamera in der Hand jage ich das Licht durch die gesamte Stadt. Solange, bis ich jeden Schimmer, jedes Flimmern in die Büchse meiner Ablichtung eingesperrt habe (FZZZZ) Ich schieße wieder! Keine zweihundert Meter von hier geht eine Schnelle Sekunde zu Boden:

Ein Junge, um die vier Jahre alt, in progressiv pink-blauer Kinderkleidung, hatte lachend einen roten Luftballon freigelassen, den seine augenscheinlich etwas Vernünftiges studierende Mutter zuvor an der Leine haltend an den Boden gekettet hatte und den naturimmanenten Aufstieg des Heliumgeschöpfs, ohne jegliches Bewusstsein für ihre Grausamkeit, verhinderte. Aber nun, wo der kleine (98,5 Zentimeter große) Mensch die Hoheitsmacht über den Moment gewann, hatte er seinem Ballon auf liebevolle Art und Weise auf Wiedersehen gesagt und stand nun, ihm die Freiheit und die Lust zu großen Abenteuern eröffnet habend, fast schon vor Freude weinend, da und winkte.
(OOOOOOOHHHHHHMEEEEEEEEEIIIINNGGOOTTT)

Ein großer Moment, ein fast schon monumentaler Moment, wie er so wohl nur noch selten in seinem Leben vorkommen wird, denn die Mutter, die das ganze durch ihre Gedanken stolpernd, nur halbanwesend betrachtete, fuhr anschließend aus ihrer Trance und begann ihren Nachwuchs zu schelten. „ZWEI EURO (der europäischen Notenbank)“, schrie sie, hätte sie für diesn FeZZn Plastik bezahlt, nur weil er (also Du) so eine bescheuerte, infantile und überhaupt dumme Begeisterung für Schwachsinn hege und nun nicht mal in der Lage wäre, sein Zeugnis Umweltverschmutzung mal ordentlich in der Hand zu halten.
Richtig so, denke ich und erschieße sie beide. (...)

Anton Conrad

Ausgang

Manchmal, ganz manchmal gelingt es mir, mich anzuschauen, wie sich ein Reh wohl anschaut. Dann sehe ich nicht Bauch, Beine, Füße, sondern Nahrung und Laufen und Leben. Meistens passiert mir das beim Aufwachen. Dann fühle ich mich ganz. Alles ist eins, umgibt sich gegenseitig, tritt hervor und verschwindet gleich wieder. Das ist sehr selten. Zu oft: Nase zu groß, Beine zu kurz, Finger zu dick; alles ist getrennt, widerspricht sich. Ich zerbreche in unendlich viele Scherben, die sich auch unter Schmerzen nicht mehr zusammenfügen lassen. Ich will, dass das aufhört. Deswegen bin ich jetzt auf der Bahre. Um damit abzuschließen. Sie versprechen, dass es dann vorbei ist und etwas ganz Neues anfängt. Etwas ganz Anderes. Links von mir ist alles Metall. Ich habe schon Bilder gesehen, der Übergangs-Raum ist mir vertraut, aber jetzt ist es irgendwie härter, schärfer. Der Öffnungs-Arm mit seinen vielen Gelenken, die Erfüllungs-Spritze. Noch ruhen sie reglos, erwarten ihren Einsatz. Es gibt keine Apparatur, die ähnlich präzise, verlässlich und zärtlich arbeitet, sagen sie. Ein wahres Wunderwerk. Bevor ich in den Übergangs-Raum getreten bin, habe ich noch einmal aus dem Fenster geschaut. Draußen zog eine seltsam markante Wolkenformation vorbei. Die wenigen Wolken, die es noch gibt. Und mir war ganz klar, dass sie etwas sagen wollten, dass sie etwas und mich meinten, aber dann lag ich bereits hier drinnen. Komplett isoliert. Dabei bin ich doch hergekommen, um mich zu öffnen, aufzumachen, anzunähern. Vor längerem habe ich davon gehört. Also nicht direkt im Gespräch – mit ihnen/uns kann man dann ja eh nicht mehr sprechen –, ich habe es einfach mitbekommen. Nur eine Spritze. Die Wolken verlieren mehr und mehr ihre Form, je länger ich über sie nachdenke, werden aber nicht leicht und lösen sich auf, sondern verdunkeln sich, werden schwerer, drückend, schweben über mir, sind bereit, auf mich herabzufallen. Wann ich mich hierzu entschlossen habe, kann ich nicht genau sagen, aber komisch ist es doch, dass einem hier niemand begegnet. Im gesamten Trost-Haus kein Lebewesen. Die Anwesenheit anderer Menschen gefährdet den Eingriff. Der Übergang muss alleine vollzogen werden. Schließlich liegt man da dann auch alleine, in seiner eigenen Friedens-Kammer und wen überhaupt hätte ich mitbringen sollen? Das Projekt läuft jetzt schon länger und sehr erfolgreich. Studien, Daten, Gehirnströme zeigen, dass ... Ich frage mich: Wie kann das nicht erfolgreich sein? Rechts von mir die Anfangs-Uhr: Zeit, die für mich abläuft. Striche zucken, verstecken sich, sind da, sind weg. Zwei Minuten noch, die man erlebt. Dann überschreitet man auch das. Eigentlich dachte ich, jetzt käme alles nochmal vorbei. Erinnerungen, die sich wie Freunde verabschieden, ruhig und etwas wehmütig, bereit, mir die Hand zu reichen und weiter zu gehen. (Wohin eigentlich?) Ich liege hier aber jetzt ganz alleine, nichts besucht mich. Auch hier überall nur Dinge. Alleine mit der Anfangs-Uhr zur Rechten und dem Öffnungs-Arm mit der Erfüllungs-Spritze zur Linken. Weil das mein „starker" Arm ist. Ich kann mich kaum mehr aufrichten, alles wird schwer, zieht mich in die Bahre hinein. Ich sehe meine Kleider nicht mehr, die ich vor der Bahre abgelegt habe. Ich muss mich anstrengen, die Augen offen zu halten. Der Übergangs-Raum ist hell, aber es sind keine Lampen zu sehen, das Licht fällt aus den Wänden. Ein kaltes Leuchten, das alle Einbildungen unmöglich macht. Eigentlich wollte ich diesen Moment alleine sein, ihn so richtig erleben, als letzten wirklich erleben. Dann diese Wolken. Was wollten diese Wolken? Seltsam. So kurz vor dem Ende der Bedeutungen nochmal, oder eigentlich zum ersten Mal, so etwas erleben. So lange keine Spur und jetzt: ein Herz, ein Gesicht? So lange keines berührt, nicht mal gesehen. Seit Jahren. Mit sehr vielen in Kontakt, aber ich habe nie jemanden gesehen. Das fiel mir auch dann jetzt erst auf, als sie mir gesagt haben, sie brauchen mich nicht mehr. Als da plötzlich so viel Zeit, so viel zu viel Raum war. Langsam schiebt sich von links der Rettungs-Gurt aus der Bahre. Auch das stand so im Ablauf. Er zieht mich in eine enge, seltsam intime Umarmung. Da bin ich jetzt eingeschlossen. Irgendwas riecht nicht gut. Umarmt. Es gäbe den Knopf. Etwas blinkt rot. Der Öffnungs-Arm richtet sich auf, Gelenk für Gelenk. Ruhig führt er die Erlösungs-Spritze zu mir. Wie ein Skorpion! Aber das ist kein Gift, es ist kein Gift. Mein Arm liegt dort, wo er liegen soll, genau dort, seltsam offen. Jung sieht er plötzlich aus, als wolle er etwas greifen und werfen. Jetzt plötzlich doch noch eine Erinnerung. Die Erfüllungs-Spritze kommt näher. Welche Farbe die Flüssigkeit hat? Wie schmeckt sie, riecht sie? Ein heißer Sommer, Rennen und Weinen. Die Augen fallen mir zu. Aufgeschürfte Knie, ein Kuss vielleicht? Lustig, dass das Gehirn dann so funktioniert. Da ist der Knopf. Das kommt vor, aber nicht bei mir. Mein Fuß zuckt, ganz ruhig bin ich bin ich bin ich. Jetzt fährt die Nadel in die Vene. Lustig, wie sie sich ihr entgegenreckt. Spüre kaum etwas. Jetzt ist jetzt für immer. Dieser eine Moment. Eigentlich auch egal. Ich dachte, man könne spüren, wie etwas eindringt, etwas Fremdes im Organismus, aber da ist nichts Neues, nur eine Schärfung. Plötzlich geöffnete Fenster und Wind und Sonne stürzen herein. Haare stellen sich auf. Umarmen sich, freuen sie sich? Der Fuß ist jetzt ganz ruhig. Stauchungen, Spannungen lösen sich, zum ersten Mal. Dehnen sich aus, wachsen, überlappen sich. Der Kopf läuft los, das Herz bleibt stehen. Die Wolken brechen auf. Ein sehr ruhiges, dunkles Licht

scheint. Eine Band beginnt zu spielen. Die Ohren wollen dorthin, versuchen die Beine zu überzeugen. Die müssen sie erstmal wiederfinden. Füße wippen, tanzen. Wie viel! Alles ist in Bewegung. Diese Musik. Irgendwas erinnert sich daran. Wie sich die Hände bewegen, Töne entlocken. Die einzelnen Stimmen und Instrumente wirbeln umeinander herum, umkreisen sich, wie ein vielköpfiger Schwarm in spontaner Synchronisation. Jetzt schiebt sich ein neuer Geruch herein. Wind und See. Die Musik spannt sich an, bereitet etwas vor. Etwas beginnt zu wachsen. So neu, so schön! Ein Schiff legt an. Es will los, die Arme sehen Taue, die Ohren hören Rauschen. Losfahren, losfahren. Ein Tusch erklingt, Hände ziehen Hände an Bord. Die Farbe des Himmels lässt sich, wenn es einen geben soll, beliebig ändern. Segeln über eine grüne See. Wir sind auf der Suche. Land! Land! Da vorne schon die Klippen. Vor uns war noch niemand hier! Wir staunen und jagen und essen. Plötzlich grüne Wiesen, Summen, Rufe. Jetzt laufen wir darauf zu, suchen etwas, aber uns fehlt nichts. Gemeinsam rennen wir dort hinauf. Wie schön es hier ist! Da schreit eine Wildgans, wir fliegen ihr nach. Durch Wolken, die leicht auf Armen, Beinen kitzeln. Immer hinter der Wildgans. Und wieder die Band. Der Schwarm und wir das Rudel. Machen uns auf die Jagd. Riechen, schmecken, spüren auf. Die Beute versucht zu fliehen, doch nichts entflieht uns. Alles ist hier, jetzt, in diesem Moment. Die Beute, die Jäger. Zukunft, Gegenwart, Vergangenheit. Gierig stürzen wir uns auf sie. Reißen, Krallen, Raufen, Beißen. Wir haben sie. Da drüben ein Kind. Leben, Pflegen, Lecken, Streichen. Auf immer weiter. Wir laufen wieder los.
Wir sind glücklich.

Livana Hussein

Das Nachtwesen

Erneuten Males lag ich in dieser stillen Nacht wach und sowie ich doch zuinnerst ersehnte, eines alcyonischen Schlafs überkommen zu werden, erschien es so, als wären die Lichter zu grell und doch so dunkel zugleich. Betrachtete ich den Haufen an Kleidung, den ich selbst dort zurückgelassen hatte, war ich gezwungen, mir an dessen Stelle ein abscheuliches Monster auszumalen, welches ganz und gar zerfallene Haut an seinem weiten Leib trug, große Augen in seinem Schädel sowie gelbe, scharfe Zähne, die mir bedrohlich erschienen. Hätte ich mich bloß erheben können, um diesen schrecklichen Durst zu stillen, welcher das Kratzen in meiner Kehle und zugleich das Trockene an meinen Lippen zu verantworten haben musste, dann wäre es mir sicherlich weitaus leichter gefallen, es zu ignorieren. Doch es sendete seine Drohsignale an mich, in welchen es mir strikt untersagte, mich zu rühren oder gar meine Bettdecke zu erheben und die kühle Luft auf meine Haut treffen zu lassen. Vor allem jedoch musste ich auf meine Füße achtgeben, da Monster es besonders auf Kinder mit freiliegenden Füßen abgesehen hatten, das wusste ich. Doch weder Monster noch telepathisch versendete Drohsignale waren Dinge der Realität, auch dies hätte mir bewusst sein sollen. Es beunruhigte mich, welch detaillierte Fantasien ich mir ausmalen konnte, sowie die Allüre, in welcher mein Bewusstsein sich diesen töricht unterwarf. Denn ich spürte mit jedem leidvoll langsamen Atemzug die Art, in welcher seine Augen sich in mein Fleisch hineinbohrten und peinigende, stechende Narben hinterließen, Augen so vorstehend, dass sie ihm beinahe aus seinem Kopf kullerten, als müssten sie bloß wenige Augenblicke verweilen, um wie zwei Wachstropfen einer zerfallenden grauen oder weißen oder roten Kerze auf mich hinab zu stürzen. Ungeachtet der Irrealität dieses Geschehnisses, erschauderte ich angesichts der Vorstellung, solch einen abscheulichen Blick bloß eine Sekunde lang zu erwidern. So tat ich es nicht. Stattdessen schwang ich mich auf die Seite, schloss meine Augen und presste die Lider zu, bis nichts weiter verblieb als die Stille einer absoluten Finsternis, bloß unterbrochen von den Fiktionen meiner Vorstellung. Eben die Fiktionen, gegen welche ich nicht länger ankämpfen musste, als die Töne lauten Atems und ebenso lauter Schritte, welche den Anschein hegten, sich meinem Bett zu nähern, sie unterbrachen. Wann hatte meine Mutter bloß begonnen, so laut zu atmen, und wann war es geschehen, dass sie plötzlich solche Ausmaße an Gewicht zugelegt hatte? Es war nicht wichtig, denn solange, wie ich ihr bloß nicht offenbarte, dass ich wach war, würde sie sich von mir abwenden. Schließlich kamen die Schritte zu einem Stopp, doch der Atem verblieb, und ich fühlte ihn feucht und warm und ganz und gar ekelerregend auf meine Schulter treffen. Jegliche Möglichkeit, dass es meine Mutter hätte sein können, war soeben eliminiert worden. Dies war ein Fremder, dessen war ich mir nun bewusst, doch solange, wie mir die Identität dieses Einbrechers nicht offenbart worden war, würde ich keinerlei Beachtung erregen. Dies war offensichtlich einfacher gesagt als getan, denn meine Furcht war grenzenlos, jede Sekunde, welche verging, brachte eine weitere Sorge mit sich. Ob er wohl bereits bei meinen Eltern gewesen war? Ich erhoffte mir das Entgegengesetzte, doch in solch einer Situation nutzte mir Hoffnung wohl kaum etwas. Ich spürte, wie heiße Tränen sich in meinen Augen formten und ließ sie schamlos tropfen, denn als ich die Schärfe des Messers gegen meine Kehle spürte, spürte ich weitaus stärker die bereits vorhandene Wärme sowie die Feuchtigkeit, die das Metall hervortreten ließ, und ich wusste, dass keinerlei Marter, die mich hätte erwarten können, jemals eine stärkere Qual sein würde, als die unheilvolle Vergegenwärtigung, welche mich zu diesem Zeitpunkt überkam.

Tonda Montasser

Wiedererkennungs-Gegenwarten

Reinkarnations-Klebeband

Nimm dein Seidenschwert
aus den Lampion-Hüllen.

Über das schlammige Kornfeld
erblickt sich der Olymp, verwüstet

nach 50 Jahren,
mein Vater.

„Sieh ihn als Geschenk“, schreit
Istmiregalwasaberichkriegredbull.

Vater blickt in Speiseräume.
Seine wunderschönen Mundwinkel.

Sein kahler Kopf,
Sein liebevoller Bart.

Ich liege, verdurstend
auf der Erdoberfläche der Sprache.

Ohne sie: Eine Menschenmenge
Voll leerer Gestalten.

Schreibgötter Vater und Mama
zerreißen immer noch

Matrix-ähnliche Schleimhäute
und lassen Collagen fallen
zu verdammten Symphonien.

Durch gartenstrukturartige
Monokulturen

trage ich deine Schuhe, Vater,
zerfleddere sie.

Vater hat mich rausgeholt.
Vater war immer da.

Meine Sprache
Ein Reinkarnations-Klebeband.

Die Terrassenmassakerkinder
scheuen das Licht

Doch alles hier
leuchtet wie Scheren

dank ihm.

Planet der Giraffen ... (Verschwörungstheorien-Blues)

I

Schweiß auf deiner Hals-Schlag-Ader,
auf deiner beige-pinken Haut,

Dies also ist **W**ahnsinn, dein Geheimnis,
breitet ... sich ... aus, brennt ... wie **W**hiskey

in deinen **W**unden, ge-heim-nis-voll
wie blu-tende Finger-Kuppen,

Verse, die at-tack-iert werden
Von ... **V**espula Germanica.

II

Das **größte** aber,
wie **all das** entstanden ist.

In Traum-Fallen be-atmet
von Regierungen...,

Pa-ra-noia in Schlaf-Paralysen.
Fake-Fakten als Kern

einer Verschwörungs-Theorie.
Das größere Problem aber bist du.

Du willst nicht erkennen,
dass alles ein Inside Job ist.

Selbst dein Apartment
ist Gehirnwäsche.

III

Erkenne, dass
die Erde der Hals

einer riesigen Giraffe ist.
Wie sonst könnte unser Planet

so fleckig sein, ...
so gigantisch und robust.

IV

Wir nagen die Erde mit Gier ab

und behaupten dann,
dass sie immer noch existiert.

Ein Vorspiel dafür,
dass es nichts außer uns je gab,

ein Nachspiel,
dass es nicht mal mehr uns gibt.

Satt von den Lügen?
Kein Sarkasmus?

V

Doxx dich selbst,
ghoste dein Apartment,

schließ dich uns an,
der Giraffen-Religion.

Alternative Wahrheit:
Eine neue Plage nach uns.

VI

Wir sind nur Träume

und Geschichten
von AI-Geburten.

Klauen jeden Tag,
den sie für uns erfinden.

Warum Geheimnisse leaken,
warum ändern,

wenn man lügen
und sich versprechen kann,

...

die Wahrheit zu sagen.

Versuchskaninchen-Burnout

I Overlook-Hotel

Eine einzigartige Reise
auf Monotonie-Braun:

verschimmelter Nestlé-
Kaffee liegt verstreut

in der Minibar.

II Food-Agonie:

Horror-Fritten.
Spinnen-Eiweiß,

Erde: All-you-can-eat-Büffet
fürs Menschenmengen-Billard.

III An der Rezeption

ein Mensch:
Schlag-Kissen-Figur,

schlägt Zeitungen auf.
Schlagzeilen:

Abschlachtung
der Taschenlampen!

Affenpocken-Tee
in Klavieren verbreitet!

Atomkraftwerk-Orangen
greifen Passanten an!

Und das
ist nur „A“.

IV Regenfragmente

Auf Trümmern von Hotelbetten,
(ehemals gletscherhellem Weiß),

blicken Augen in Cocktails,
leberverdunkelt.

Draußen regnet es winterlich
wenige spitze Stifte.

Vokabel-Apokalypsen
und Rosetta-Rotwein.

Der ganze Körper
im Hotelbademantel

fühlt sich harnröhrig an.

V TV-Junk: Schanzentournee

Dreiköpfige Eichhörnchen
fressen Flaschen-ähnliche

Fernseh-Fratzen
in Schlamm-Grünblau.

VI Hass der Lieferketten

Pharisäer-
Paketboten:

Karton
in Karton
in Karton.

Darin:
Was für Pseudokram.

VII Heilpraktiken, dubios

Lebensart eines
Maschen-Sanatoriums.

Schadet mehr als es hilft,
und bindet mit Knebel-Verträgen.

Nebenan alles Optimisten:
eine angenehme Bedrohung.

Willkommen zu Hause,
im Overlook,

ihr Hypokriten!

VIII Revenge

Eine Altklugheit-Selbsthass-Backform
klebt in meinem Gedicht-Gesicht.

Sprachen-Rache: Jammern
kann niemand gut genug.

Notizen für die Teenager-
Depression:

Alles bleibt, wie es ist,

denn wahre Bescheidenheit
zeigt Anarchie.

Wirf Steine auf
deinen Vandalismus,

Sei gecancelter Shitstorm
mit keiner Unterschrift.

Bilde eine Anubis-10 Cent-
Verschwörung,

ein poetisches Palimpsest
auf Hate Speech

in Social Media:
Könnte Liebe sein.

IX Rufe Anwalt Gleichberechtigung:

Liebe Menschenmenge, leb weiter
überflüssig im Sauna-Nobelhotel.

Trink deinen Wein,
hol dir Amazon,

schau Schneekanonen im TV,
lies Schlagzeilen von A-Z.

Friss am Büfett, geh zum
welcome-home-Sanatorium.

Übe dich in Optimismus
und Jammern auf hohem Niveau.

Tu alles, was ich schreibe,
denn ich bin der Müllmann,

ich sehe uns. Ich dichte
für dich in düsteren

Tiefgaragen-Backrooms,
– oh, Slender-Schlagzeug-Sirenen! –,

deine einzigartige Reise,
Menschheit,

durch immer flammendere
rote Räume.

Gib mir Quellfluss, gib mir Mountain Flows!
Campra, Tessin

Warum laufe ich nachts
allein von Kerze zu Kerze?

Was liegt
hinter mir,

vor mir,
in mir?

Wald, sehr dunkel.
Ich laufe und laufe.

Dreck unter Fingernägeln,
der nicht wegzuwaschen geht.

Trockene, zum Zerreißen
gespannte Lippen.

Bin ganz allein, überfüllt von mir.
Spüre Flussgeister aufsteigen.

Warum zieht mich
Wasser so nach unten?

Die Felsen am Ufer meditieren.
Wir alle sind aus Wasser.

Selbst die Berge
mit ihrer rissigen Haut.

Berg, Wald und Fluss.
Nacht.

Mystischer geht's nicht.

V.

Mein Körper erinnert sich bei Nacht

Lennart Kammler

Tag der offenen Gewalt

Knack – zehn Lavendelleichen, mit dem Mord fing es an.
Kack Schere, rostet mir in zwei Schubladen weg, wo denn hin mit ihr?
Also hab ich sie auf einmal geköpft, mit Tau in den Augen, glatte Sache.
In einem Märchen hät's auf 'nen Gürtel gepasst. Habe aber nicht Schneider gelernt, sondern Studieren. Die feuchte Schere zum Trocknen auf die Heizung gelegt oder in den Kleiderschrank, aber ne, das kam später. Wie kann man nur so dumm sein und den Lavendel in zwei Schubladen trocknen, nicht nur in einer, in beiden. Hab sie fein säuberlich in der Linken neben den Gabeln drapiert, Zinnsoldaten neben Zinnen, neben Zinn. Haben über nichts mehr gewacht, waren schon tot, der Rost tropfte aus den Wunden am Stängel.
Ach, hätte mir der Vater Bescheid gegeben, er stand direkt neben mir. Haben Quatsch gemacht, er sagt ganz ruhig: „Du bist kein Junge mehr! Zu spät, um dich für die Adoption freizugeben." Habe noch nicht mal gelacht, so viel Spaß hatten wir. Er hat mir zum Abschied die Hand geschüttelt, meint: „Kannst mich mal besuchen, musst aber nicht." Tränen in den Augen, zum Lachen. Ich habe überlegt, ob er das meint oder sogar ernst und in diesem überlegenen Moment tropfen sie auf den Lavendel zum Trocknen und ich hab die Schublade zugemacht und der Lavendel war *six feet under*. Vater ging aus der Tür und ich hab sie auch zugemacht. Ich hatte was vergessen, fiel mir ein, aber hatte es schon vergessen, wie gesagt.
Habe ihm durch den Spion zugeschaut, wie er sich seine Schuhe über die Schulter wirft und leise zurückkommt und lauscht, ob ich schon weine. Habe mir Komplexe ausgedacht und laut geweint, damit er geht. Er hat noch gewartet und ein kleines Lagerfeuer zwischen den Lippen gezündet, weil er weiß, dass vielleicht der Feueralarm angeht, dann muss ich rauskommen und ihn ansehen. Ist aber schon abmontiert, besser als Röstprotein aufwachen, als diese Schmach. Habe kausale Kette ausgetrickst! Habe gewonnen!
Wenn du jeden Tag Basketball gegen so einen Riesenkerl spielst und er dich kein einziges Mal gewinnen lässt. War damals zehn. Genau deswegen dann zum Gericht. Näherungsverbot für die Wochenenden rausgehandelt und so Kram.
Lieber läutet der Vater im Himmel, als der vor der Tür.

Zurück zum Lavendel. Bei mir kam die Assoziation erst ein paar Tage später im Kortex an, da hat's schon nach Schimmel gerochen. Ich hab's nicht mitbekommen. Mein Freund kam rein wir haben uns geküsst und ein bisschen rumgemacht.

„Hast du Zähne geputzt“, fragt er dann und ich hatt’s vergessen, weil eigentlich ja, aber wenn er meint ... Er hat das Fenster aufgerissen und sich auf den Balkon vom Untermieter erbrochen. Habe ein Stoßgebet zum Himmel geschickt, weil ich war noch nackt und bei solchen Doppelsünden ist die Hölle auf Röststufe Maximum.
An die Decke gestarrt und auf den Engel gewartet, der mich erlöst und dann als süße Stuckverzierung oben kleben bleibt, denn ich komme ohne Leiter nicht dran, um so was zu machen. Waren nicht mehr als fünf Sekunden, die ich geschaut habe und schon hat er mir den Ursprung allen Übels unter die Nase gehalten. Hab sie dann auch gerochen: Zehn Lavendelzinnsoldaten, verrostet und verschimmelt. Gefallenen Männern salutiert man zum Abschied. Mein Freund hat aber keine Manieren, er kommt aus dem Plattenbau, deswegen gar nicht erst die Stuckverzierung erklären. Er weiß eh, was er denken muss. Hat gesagt, er braucht ’ne Pause, er haut mit seiner Nachbarin in den Urlaub ab, er liebt mich, er geht jetzt. Nachvollziehbar. War ja irgendwie mein Fehler.

Ums gut zu machen, also die Schere in den Kleiderschrank. Hatte’s fast vergessen, aber so ist’s ja passiert, also wichtig für das, was jetzt kommt. Der Mottenkommandant hat nämlich schon den Schlachtplan aufgestellt, sie haben kleine Whiteboards, in Miniatur, es ist echt süß, wenn man sich’s vorstellt. Alle Motten wussten also Bescheid, die Taktik war mit Miniaturmarker rot hervorgehoben.
Habe gewusst, was sie veranstalten, aber ich stand im seelischen Abseits – hab mir den Begriff von Mama geborgt. Sie ist weg, deswegen nix mit zurückgeben. Sie schlugen über mehrere Wochen hinweg zu, habe es wie gesagt gespürt, aber manchmal kann man einfach nichts tun. Mein Freund, der auch mein Therapeut ist, aber in erster Linie mein Therapeut, sagt am Telefon: „Nimm dir Support von Freundinnen“ Ich habe nach Telefonnummern von Freundinnen gesucht, aber sie waren irgendwie alle verschwunden.
KLING-RINGGGG hat`s gemacht. Es war nicht mein Telefon, denn die Nummer war schon abgelaufen. Also bin ich beim zweiten Versuch drauf gekommen und hab die Tür geöffnet, ohne bösartig zu ahnen. Aber so kommt’s im Leben, auch meistens im Märchen. Es ist alles okay und dann braucht man ’ne böse Vorahnung und wahlweise ’ne Zigarette für ein Totenkopfrauchzeichen. Ist ästhetischer so.

Mein Vater ist nicht ästhetisch, ganz und gar nicht. Aber er ist ein hübscher Mann und damit kommt man durch im Leben. Er ist hübscher als seine Tochter, deswegen strahlen seine Zähne wie ein geölter Bodybuilder. Ich habe nichts mehr von ihm außer meinen Augen, mit denen ich ihn anstarre. „Heute hab ich geschlossen.", füge ich meinen Augen hinzu und klimpere mit den Wimpern, damit er an einen seiner Lieblingsstreifen denkt, italienisch mit 'ner Frau, die mit den Wimpern klimpert. Am Ende killt sie einen und wird dafür von ihrem Verehrer links liegen gelassen. Ihn hat's berührt. Männer, besonders welche, die es nicht gelernt haben, chauffieren diese Frauen in irgendeinen Winkel in ihrem kinky Hirn und warten, bis sie es von innen kaputt machen, bis sie denken, alles was sie brauchen, ist so eine.
Aber der Vater ist mir gegenüber kalt und steinhart und Kafka hätte ihm seine Briefe mit 'nem Meißel reinhauen müssen, seine Oberarme hätten versagt bevor es emotional wird.
Er hält mir eine Tageszeitung hin, aus 'ner anderen Stadt, um anzugeben. Blicke drauf, klimpere zweimal. Denke an meine Schere, scheiße, wo ist sie? Blicke ihn an, von unten wie Napoleon. „Sonntag!" Mein Triumph macht so viel Sinn, schießt es mir durch den Kopf. „Von gestern ...", fletscht der Bodybuilder seinen glänzenden Trizeps. Er ist mein Waterloo.
Wir setzen uns und er reicht mir ein Taschentuch, obwohl der Spaß noch nicht mal angefangen hat.
„Die Zeitung ist aus Bochum?" Ist 'ne ernstgemeinte Frage von mir, kein Spielchen. Er tut so: „Was?"
„Die Zeitung ist aus Leverkusen?", frage ich. Ist ein Spielchen von mir.
„Nein, die Zeitung ist aus Bochum. Weißt du, was auf der fünften Seite in Bochum steht."
Woher soll ich das wissen, aber ich weiß es. Trotzdem Totenstille. Er beginnt vorzulesen:
„Dieses UnterNEHmen." Er macht 'ne große Kunstpause. „Dieses UNTERNEHmen sucht Interessierte im Bereich ..." Seine Augen flattern ein paar Wörter weiter, bleiben genau dort hängen und kontemplieren, welche Art von Enttäuschung sie zum Ausdruck bringen wollen. Sie wandern zitternd über die Zeilen zu mir. „Das ist genau das, was du studiert hast." Es ist wie im neuen Testament. Seine Augen füllen sich mit Tränen der schmerzlichen Freude. Er lässt Zeitung und Schulter sinken und neigt den Kopf, als ob er in 'ner Krippe geboren wurde und in meinen Gedanken lesen kann, wie ich sage: „FUCK YOU FUCK YOU FUCK YOU!" Und dass er glücklich ist, es aufnehmen zu können, weil er nichts fühlt und dadurch so mitfühlend sein

kann. Ich versuche ihn auf etwas festzunageln, was er nicht gesagt hat, das ist das einzige, was in der Bibel gewirkt hat. „Ich hasse Bochum! Besonders Unternehmen IN Bochum."
„Es ist ein großer Konzern. Sie haben sicher noch andere Standorte", meint er nachdenklich und eine Perle der Seligkeit kullert ihm glänzend über die Wange. Strategie war ja von Beginn zum Scheitern. Hätte es wie der Mottenkommandant machen sollen. Über mehrere Wochen Widerstand gegen die Gewaltstrukturen. Manifeste lesen, kopieren und an die Wände kleben. Löcher in die Wände schlagen, dort wo ich was nicht versteh. Vom Putz ernähren, keiner kann sowas!
„Sorry, heute ist Rohrbruch. Kommen Sie doch morgen wieder", hätte ich zum Vater an der Tür sagen können. Und wenn er's nicht glaubt, zeig ich ihm die Löcher. Er kann selbst sehen, was er angerichtet hat. DAS ARSCHLOCH.
Keins ist größer als seins! Keins ist größer als seins! Das ist meine Parole. Patrioten werden abgewiesen! Kein Platz für Vaterfiguren! Wenn die Wände doch nur in England wären – motherland England. Dort kennt Gott keinen Sohn, lediglich die Queen! Scheiße, die ist auch schon tot.
„Was denkst du?" sagt er, fast bekümmert jetzt plötzlich.
Ich lache so richtig, laut, richtig echt, es ist sau komisch, wie er nichts checkt aber alles entscheidet. Noch nicht mal die Löcher in der Wand hätte er mir abgekauft. Parolen findet er faschistisch oder unüberlegt, kannst du's dir vorstellen?
Jetzt fängt ER auch noch an zu kichern. „HAHAHAHAHAHA!" Ich kann echt nicht mehr. So amüsant war es lange nicht. „Ich HAHAHAbe keine Kleidung, alles HAHAHAt MottenlöcHAHAHAHA", bringe ich durch, unter größter Anstrengung. Er lacht noch lauter. Er lacht so laut, dass sie schon anfangen mit dem Besen zu klopfen.
Mehrfamilienhütte, wie ich es hasse, dass alle hier als Familie leben. HAHAHAHAHA. Wir verabschieden uns, nass vor Spaß. „Ich mach dir was klaHAHAHAHAHA", er. „JaHAHAHAHAHA", ich. Tür zu, er schleicht nicht mal mehr zurück, wir hatten zum ersten Mal unentschieden.

Sehe jetzt ein, wie sehr ich verloren habe. Sitze in Bochum – beschissen, in 'nem Vorzimmer von 'nem Vorzimmer, einfach sau beschissen. Mottenkotze dringt durch alle meine Poren, juckt mich, mein ganzer Körper blinzelt wie verrückt. Neben mir paar andere Opfer des Lebens, alle sehen genauso beschissen aus wie ich. Aber wenigstens haben sie 'n Stück Charme, das

ihnen die Motten vom Leib gehalten hat. Habe meinen letzten für ein paar tote Lavendelsoldaten hergegeben. Tür am Ende vom Zimmer öffnet sich und 'ne rote DIN-A4 Mappe mit „memento mori"- Mottodruck schleicht sich um die Ecke. Dann ein Ansatz ohne Haare, nur noch zwei schwächelnde Falten treffen sich da oben. „Frau ...", sagt der unsichtbare Mund und ich stehe schnell auf, bevor sie wissen, wer ich bin. Falls ich berühmt werde, ist's besser so, nehme ich mir vor. Außerdem Bochum, natürlich trage ich als einzige Knöpfe links. Ich überlege, ob ich salutieren soll oder 'nen fetzigen Spruch fallenlassen. Aber die rote Mappe kommt auf mich zugesteuert und ich lasse mich von so Lebensmottos immer hinreißen. Handgeschüttel, 180 Grad-Drehung, jetzt watschel ich hinter der Halbglatze her in den Bossraum. Boss sitzt da und hat nur Augen für Halbglatze.
„Setzen sie sich bitte!" Ich: „Natürlisch, avec plaisir". Frauen mit leichtem Akzent beeindrucken Männer zutiefst.
„Sind sie Frau..." „STOPP", rufe ich. Illusion bewahren. Setze mich aber schnell und mit Wimpernklimpern.
Er blättert schon um. Nächstes Mal Schriftgröße kleiner.
„Ich bin erst 25", lächel ich ihn entschuldigend an und er schaut immer noch verwirrt zur Halbglatze, vielleicht um sich selbst im Stirnschweiß des Gegenübers zu beobachten, für einen Ego-Boost etwa. Überlege, ob ich mein richtiges Alter hingeschrieben habe. Manchmal passiert's nicht.
Traue mich kaum, nach vorne zu rutschen, um das Papier genauer begutachten zu können. Der Boss macht seinem Namen alle Ehre, Anzug, Parfüm, Hugo was los. Er löst bei mir was aus. Sexuell deprimiert, unbefriedigt, gefährlich. Er findet mich unglaublich abstoßend, merkt man schon beim Reinkommen. Halbglatze findet er zum Verabscheuen geil.
Beruht auf ebenso. Solche Männer finden sich nur geil, wenn sie 'nen Unterschied zwischen sich sehen. Nichts ist seltener als zwei Typen auf Augenhöhe, welche, die sich geil finden, ohne Sexuelles. Sagen zwei, sie sind beste Freunde und man braucht keine Lupe, um rauszufinden wo sie die Köpfe nacheinander strecken, nach unten oder oben.
Der Vater nennt einen seinen Freund, ohne etwas an ihm zu finden, was eine Freundschaft wert wäre. Sie sind gefühlt im selben Kreissaalkiez geboren und wette, ihre Mütter haben sich gegenseitig auch nicht gemocht. Aber wenn man Arschlöcher als Kinder hat, muss man sich zuschauen und aufmuntern und das haben sie getan und schon tun ihre Zeterzöglinge einen auf Blutsbrüder. Der väterliche ist Firmenoberboss und macht fette Kohle. Der andere schaut aus, als wäre er in Casablanca, schreibt und wirft weg,

der Papierkorb wird nie leer und er macht gar nichts an Kohle. Ab und zu kommt der eine zum anderen und sie begutachten, ob es ihnen schlechter oder besser geht und daran machen sie dann ihre Existenz aus.

Zum Beispiel kam der sogenannte Freund zu uns, 2007, stand so stirnrunzelnd da, als wir Basketball gespielt haben. Hat zugesehen, wie der Vater mich kein einziges Mal gewinnen lässt. Sagt kein Wort. Circa 47 Minuten lang. Endlich rotze ich und trinke Wasser, er kommt er betont lässig auf uns zu, malt sich schon Kriegsbemalung auf, offensive Farbpalette.
Sie reichen sich die Klingen. Grinsen. Geölter Bodybuilder gegen matte Film-Noir-Ikone.
Nicken abwechselnd. Stille. Wer zuerst was sagt, hat verloren. „Ich gehe rein", heule ich. Der Vater dreht voll Slow-Mo den Kopf. Er grinst mich an. „Du bleibst schön hier." Ich hab ihn den Sieg gekostet und das verzeiht er nicht.
Ich weiß nicht mehr, was sie noch reden, liege nun auf dem Bauch, die Nase wie ein Maulwurf.
Denke nach, was falsch ist. Ich würde mich gern auf den Rücken legen.
Ich, eigentlich mein ganzes Leben auf den Rücken liegen, das fühlt sich richtig an. Ich kann mich nicht drehen, meine Nase rümpft sich vor Erde. Ich fühle keine Rückenmuskulatur, bewahre keine Haltung, ein osteopathischer Sonderfall.
Ich höre zu, wie die Erde nach und nachgibt. Ich will ihr irgendwie danken, dass sie mich so nimmt, wie ich liege.
Ich, egal ob Rücken oder Bauch. Aber was soll ich machen, Mund auf und ich bin *basically tot*.

Halbglatze geht raus und hetzt wahrscheinlich auf Klo, um sich auf irgendeine Internetdame was zu spielen, aber er sollte ehrlich sein und es sich auf den Boss gönnen. Der blickt immer noch angeekelt. Aber er blickt und hat so etwas wie Interesse, wie ich es eigentlich hergeschafft habe. Na also, ein Anfang. Wir führen dann wirklich ein Gespräch, wie man es sich vorstellt. Der Boss fragt und ich gestehe ihm Antworten, viel zu privat, viel zu schnell. Er fragt, was ich denn in meinem Studium gelernt habe. Über mich was, sage ich. Er blickt dann kurz länger und seine Stirnsudeten bilden Sedimente, weil er endlich checkt. Er hält meinen Lebenslauf gegen den Wind von der Klima. Vergleicht Profile.

Lächeln, Wimpernklimpern, doppelt hält besser. „Sind sie ein Gender?“ Er fragt so unverschämt direkt, ich muss mich später zuhause totlachen, sonst halt ich’s nicht aus. Er hebt den Kopf mit bedächtiger Irritation. Er muss es fragen ...

2020, der Vater kommt also zum Abendessen mit seinem Humphrey Bogart. Beide haben im Biergarten Blutsbande geschlossen, ich habe gekocht. Beim Schmatzen bemerkt der Freund: „Warum wartet ihr denn nicht auf Petra?“ Ich blicke zum Vater und sehe wie er rot wird, wegen dem Eigentor. „Mama ist unter die Soldaten gegangen und hinterm Dünenhorizont verblasst.“ Der Freund guckt verflucht blöd zum Vater, der rot wird wie eine Abendsonne, alles dank meiner Scheißmetapher. „Afghanistan. Landmine. Drei Monate.“, sagt er und fängt an, ein breites Lächeln zu schraffieren, als ob es ein Urlaubsziel ist. Der Humphrey senkt die Gabel.
„Aber Petra hatte die Ausmusterung doch schon in der Tasche, warum ist sie denn nochmal...?“ Er hat irgendeinen Schmerz in den Augen, wahrscheinlich hat er Mama geliebt und es erst nachher gewusst. Der Vater merkt es, weiß es bestimmt schon, lächelt noch abstrakter. Er hat ihm nichts erzählt, drei Monate lang. Und andere wollen erstmal die Lupe holen, glaub mir doch einfach! Wegen diesem Besserwissen, geht der Vater jetzt übel gegen mich vor.
„Warum weinst du, du vermisst doch nicht etwa deine Mutter? Du bist keine verdammten zehn Jahre alt!“
„Die Zwiebeln ...“, heule ich. Der Vater hält mir seinen Pfannkuchen mit selbst gestanzten Apfelherzen unter die Nase wie eine geladene Glock 17. „Vermisst ... Du ... Deine ... Mutter!?“.

Es ist Tag der offenen Gewalt.

Ich denke an die Erde von vor dreizehn Jahren in meiner Nase, sie riecht in meiner Erinnerung nach dieser lila Blume, scheiße, wie heißt die nochmal? „Sei ein verdammter Mann!“ Vaters Augen in meinen Augen. Durch die Tränen vervielfältigen Sie sich zu einer Facettenstruktur. Ich versuche mich irgendwie drin zu spiegeln, bewege wie wild meinen Kopf, aber ich sehe nur tausend kalte Partikel, wie ein Kiesstrand an der Ostsee. *Angeregt durch die antireflektierenden Nanostrukturen, mit denen die Augen der Motten bedeckt sind, haben die Forschenden eine neuartige und kosteneffiziente Plattform für die Herstellung von Nanostrukturen im Subwellen-*

längenbereich auf großen und nicht ebenen Oberflächen entwickelt, schießt es mir durch den Kopf. Für irgendetwas habe ich wohl Biophysik studiert. Ich deute auf den Bogart, der mittlerweile auch heult. Ich vermisse Mama nicht, dafür kann nur sie was.
„Schwächling", grunzt mein Vater. Ich greife mir in meinen Schritt, eine letzte Vergewisserung.

Heute ist Tag der offenen Gewalt.

„In ihrem Lebenslauf ist eine zweijährige Pause nach Abschluss ihres Studiums, die als ‚Praktikum im Krankenhaus' betitelt ist. Sie haben keinerlei medizinische Ausbildung, sehe ich das richtig?" Der Boss. Nein, er sieht nichts, seine Augen sind genauso grau, haben dieselbe spiegellose Facettenstruktur. Nicht wundern, dass er mich verabscheut.
Greife in meine Hosentasche, brauche meine Schere, sofort. Aber da ist nur ein großes Loch, ein großes Mottenloch, das allergrößte seit je. Ich greife tiefer, meine Hände beginnen zu schwitzen und er perlt ab auf meinen Unterleib voller Schmieröl. Der Boss schaut mir zu, wie meine Hände sich immer weiter in mich hineinarbeiten, begreifen, dass sich das Mottenloch unendlich tief in meinen Unterleib gefressen hat. Vielleicht, wenn ich tief genug fasse, länger als mein Arm reicht, stoße ich auf Erde, die nach Lavendel riecht und wenn ich noch eine Weile buddele, kann ich mich in die Nase zwicken. Vor lauter Schmerz hätte ich mich dann umgedreht und hätte einen Korb geworfen und der Vater, mein Vater, hätte mir verziehen und wir hätten beide auf dem Rücken gelegen und meiner Mutter zugeschaut, wie sie über den Horizont hin und her düst aber nie verschwindet.

Leider kurze Arme, genetisch bedingt. Basketball... Das Arschloch. Der Boss kann es nicht begreifen, er schaut nur müde zu Halbglatze, der erleichtert und ausgeschwitzt in der Tür steht und voyeuristisch glotzt, wie ich in meinem Unterleib wühle. Als ob es hier um 'ne Stelle als Gleichstellungsbeauftragte gehen würde.
„Ich gehe!", sage ich schon im Gehen. „Sie haben den Job", sagt der Boss und holt ein Nageletui raus. Halbglatze ist perplex und macht unwillige Schulterzuckungen, stummer Protest oder ähnlich. Die Nägel fallen nacheinander auf den Tisch und ich zähle mit.

„Das ist die Transentochter vom Chef“, murmelt der Boss etwas lauter, damit ich's hören kann. Ich betrachte die filigrane Miniaturnagelschere, die in ‚Der-Preis-ist-heiß' Manier neben den zehn Nägeln drapiert ist. Ich denke an den Mottenkommandanten und seine Miniaturmarker auf dem Miniaturwhiteboard. Ich werde diesen motherfucker erledigen. „Schönen Dienstag noch, Frau Lavender Schmitz.“

Heute ist Tag der offenen Gewalt.

Henriette Bayer

Gedichte

rote Beeren

unsere Gespräche hielten immer mittendrin, denn irgendwann gab es
keine Beeren mehr zu pflücken oder ein Kind musste getrocknet werden
oder die Beine. irgendwann schaute ich vom Satz auf meine Hände.
sie waren rot gefleckt, als hätte ich sie einmal in das Schweigen gedrückt
und jede Beere einzeln vom Stiel gezogen und in den Korb gelegt. wie
viele Sträucher, wie viele Beeren hätten wir pflücken müssen und ich
hätte dir von ihr erzählt

Beine spreizen

wir lassen unsere Achselhaare tanzen
sind zu betrunken
deswegen
wir schwingen und zittern mit den Boxen
ein Typ kommt und labert
wir beschließen wir sind die Geister der Donau
und Geister fauchen
wir pissen auf den Gehsteig mit gespreizten Beinen
schwingen unsere imaginierten Penisse
Handytaschenlampengeschrei
sprechen in Formeln und verbrennen es
heute Nacht
das Patrrria
Chat öffnen: Wo seid ihr?
ich werde ein brennendroter Punkt in grünblauem Hintergrund
weiter mit dem Ritual heute verbrennen wir
Jella kommt
dann will ich sie küssen

fuck off / queer fear

Flirren vor den Liedern sie werden uns Fratzen nennen
uns
Kommer setzen Kursur verschieben
sie werden in unsere Gesichter durchstreichen Spucke aufwischen
werden uns sehen zwischen Windungen aus Asphalt
wie wir uns drehen in Spiegelungen trotz dessen

festhalten an der Aussicht
am Ende der Straße Hügelland
dein Gesicht zwischen meinen Händen
sie werden uns fuck off
Satz löschen neu ausrichten in der Dämmerung
wir werden uns voreinander ausbreiten
zwischen zwei Körpern das Zwielicht

Ni-Una-Menos Platz 1090 Wien

ich halte den Schlüssel in der Faust
gehe an der Trafik vorbei
wie Großmutter die genauso alt wie ich
vom Betrieb auf ihrem Diamant Rad nach Hause fährt
sie beobachtet ihren Schatten erst ist er vor ihr dann wird er weiter
und weiter
springt um
sie fährt durch die brandenburgische Stille
immer von Laternenlicht zu Laternenlicht
ihr Schatten zittert
vielleicht fährt ein Trabbi vorbei vielleicht nicht
bis dahin kann ich mir Großmutter vorstellen
dann passiert etwas weshalb sie Jahre nicht Rad fährt
nicht ihren Rock im Wind rascheln hört
nicht ihr Gesicht hinter wehenden Haaren verschwinden lässt
nicht ihre Arme bei voller Fahrt ausstreckt die Handflächen nach oben
nicht den Hügel hinab saust dass man sie fast nicht mehr sieht
stattdessen holt Großvater sie jeden Abend vom Betrieb mit dem Auto
sie lehnt am offenen Fenster schaut in die Nacht

ich halte den Schlüssel in der Faust
gehe an der Trafik vorbei
mein Körper erinnert sich bei Nacht

die Namen
die Namen
die Namen

ihr Name ist Nadine
der Schmerz eines Namens
Nadine
Nadine
Nadine

wie viele
Namen

wie viele
Namen
Nadine

Großmutter läuft neben mir in den Schaufenstern
ich blicke in mein Gesicht
Ulrike hat ihre Arme ausgestreckt

Tim Dziarnowski

Winfried wie der Wind

Winfried in der Badewanne, etwas elend. Das Fell ohne Volumen und die einzelnen Strähnen sammeln sich spitz und tropfen das überschüssige Wasser zurück in das Abflussloch der Badewanne. Winfried schaut mich an, als wäre ich ein Gott, als ich ihm die Brause massagemäßig zwischen die Augen klemme, er schließt die Augen in Verzückung oder aus Wasserschutz. Winfried bekommt ein spezielles Hundewaschgel, damit sein Fell glänzt, er windet sich, er rutscht an den Badewannenwänden ab und kullert auf dem Rücken zurück in die richtige Position. Winfried wird auf einen Hocker gestellt und am ganzen Körper geföhnt, das Volumen kehrt zurück, wie auch die Anmut, die aus jeder noch so kleinen Bewegung dieses Hundes quellt. Seine Ohren hängen wieder unter dem Kinn, die Kräusel, die kleinen abstehenden Härchen. Winfried muss die Pfote ausstrecken, damit ich ihm die Nägel schneiden kann. Ich weiß man muss sie nicht schneiden, ich tue auch mehr so als würde ich. Er genießt das. Das macht ihn schöner und es gehört zu unserer Routine. Winfried bekommt keine Schleife um den Hals, sondern ein Halstuch und eine kleine Fliegerbrille, damit er nicht vor dem Start einen Käfer in die Augen bekommt und disqualifiziert wird. Ein blaues Halstuch mit weißen ornamentalen Schleifen. Vielleicht doch kein Halstuch, komm her und recke deinen kurzen, nackten Hals Richtung Tagessieg.
Winfried ist kein Hund, wie man sich einen Hund vorstellt, er ist ein Dackel. Winfried ist ein Jagdhund, ein Tier, das den Wald und die Hinterteile anderer Hunde liebt. Er ist ganz aufgeregt, auf dem Rücksitz meines roten Kabrios. Natürlich ist er angeschnallt, ich werfe ihm ein Leckerli nach hinten, es entwischt und purzelt geradewegs an den Straßenrand. Das Leckerli ist ein Knochen und schwupps Flügelschläge, ein Habicht trägt den Knochen in sein Nest. Es ist ein heißer Sommermittag, 13 Uhr, die Organisation klagt über die Organisation und Winfried kläfft jedes Auto an, das nach uns ankommt. Genau wie wir geübt haben. Der Wettkampf beginnt schon vor dem Wettkampf. 36,5 € Startgebühr sind schnell bezahlt, es gibt Preise. Der Junge muss trinken, also trinkt er. Auf einer Bank sitzen drei Damen, mit ihren drei Athlet*innen auf den Schößen. Die Damen tätscheln und tratschen und fühlen sich recht wohl und fröhlich. Fröhlich auch die Hunde, die sich füreinander die Hälse verrenken, um kurz die Zunge im Fell des anderen zu versenken. Eine Herausforderung.

Winfried und ich haben lange trainiert. Seit zwei Wochen haben wir vor dem Haus – trainiert. Winfried riecht die brutzelnden Bratwürste, wie ich. Winfried riecht Beute, läufige Hündinnen. Winfried! Lass dich nicht ablenken, setze deinen Fokus nicht ein um andere zu beobachten, sondern konzentrier‘ dich auf deine Gelenke. Winfried, schau nicht auf andere Hundebesitzer*innen, wie sie ihre Dackel verwöhnen, wie sie sich gegenseitig beäugen, achte nicht darauf, nimm es hin, aber achte nicht darauf. Ich sage dir, schau mich an und ich schaue nur dich an. Winfried, ich glaube fest an dich, ich hab dich ganz doll lieb, wir sind ein Team, wir vertrauen einander blind, aber – „das ist aber ein schöner Hund“, sagt eine Stimme, die zu schön klingt, um mir bei einem Dackelrennen in Ludwigsburg zu begegnen. „Winfried“, sage ich. „Leika“, die Antwort. Winfried, denke ich, Winfried du wirst diese Leika in Grund und Boden rennen. Ich sage es dir, das wird ein Klacks, schau dir ihre unkonzentrierten Augen an, wie sie den Wassernapf da drüben anstiert. Schau du ihn dir an, Winfried. Er dreht sich, er schaut sich den Napf genau an, er studiert die Schwachpunkte und die möglichen Winkel zum Angriff, Winfried setzt an und macht einen Satz nach vorn, aber scheinbar nur, weil Leika auch einen Satz macht, jetzt liegen sie aufeinander und rollen über den ungemähten Rasen. „Süß“. Ja sicher.

Winfried hat die Startnummer 11. Er trägt diesen runden Anhänger mit Stolz, er hat die Ohren hinter den Kopf geklemmt und blickt nun streng geradeaus, durch die pulsierende Luft hindurch Richtung Ziel. Wie alle anderen auch, habe ich ein gelbes Seil in den Händen, unten verweilt Winfrieds Kiefer. Sobald ich loslasse, rennt er wie der Wind. Er fliegt über die Ziellinie, wir laufen gegen einen belanglosen, hell brauen Dackel mit dem lächerlichen Namen Kurt. Der Trainer von Kurt ist ca. 70 Jahre alt, als ich ihn frage, ob sie trainiert haben, sagt er „wir haben geübt, wir haben geübt gestern“ und rülpst. Der Trainer trägt eine Kappe mit kleiner Deutschlandflagge und eine kurze Camouflage Hose. Vielleicht ist Kurt ein Bund-Hund. Mit militärischer Disziplin ausgebildet, eiserner Wille und der Sieg über den Tod hinaus. Das Startsignal ertönt und Winfried springt herüber zu Kurt, der ebenfalls zu Winfried wollte, sie kuscheln und reiben sich aneinander. Der Trainer und ich brüllen die kleinen Scheißer an, dann machen sie sich gemütlich auf den Weg, zwischendurch lässt sich Winfried, meine erbarmungslose Kampfmaschine, mein Winfried, auf den Rücken rollen und vom Publikum streicheln. Gut, dass Kurt die Jagd nach Vögeln mehr interessiert, er steht in der Mitte der Rennbahn auf den Hinterbeinen und kläfft eine Ente an. Winfried, mein drachentötender Windgott, mein Alles überquert die Ziellinie.

45 Meter in 2 Minuten. Ein unbefriedigendes Ergebnis. Winfried und ich entscheiden uns für eine Taktikänderung. Wir setzen jetzt auf Sensibilisierung.

Winfried steckt seine Schnauze stets in den weiblichen Schritt, was mit verlegenem Lachen beantwortet wird. Winfried war ein Athlet, wie ich. Als Athlet muss man sich mit anderen Athlet*innen messen. Winfried rennt von Dackel zu Dackel und dackelt mit den Dackeln zum Dackelspielplatz, wo sich unzählige Dackelbeine und Dackelohren übereinanderwerfen und schnuppern. Kurz: sich kennenlernen, eine Menschentraube sammelt sich um den tobenden Haufen und es interessiert niemanden mehr ob Bruno mit 5,4 Sekunden die Rennbahn absolviert hat. „Du siehst ganz schön müde aus“ trötet die schöne Stimme von der Seite, „meine Leika liegt da drüben und sonnt sich“. „Habt ihr gewonnen“, frage ich. „Natürlich.“ „Was heißt hier natürlich“. „Naja, die Leika und ich waren im Urlaub, wir haben einen Triathlon gemacht. Wir sind an der griechischen Küste geschwommen, über Schutt und Asche gelaufen und über Berge Rad gefahren, also ich. Manchmal durfte sie im Korb sitzen, damit sie nicht von wütenden Schafen angegriffen wird.“ „Wie viele Kilometer so am Tag?“ „Den Triathlon haben wir einmal gemacht, Dummerchen, wir waren im Urlaub. Trainiert haben wir jeden Tag 5 km.“ Dann lege ich los wie die Feuerwehr, ich reiße mich von der schönen Stimme los und suche meinen Winfried, seit einer Minute wird unsere Startnummer aufgerufen, der nächste Ast im Turnierbaum gedeiht. An der Startlinie hechelt Winfried wie ein alter Mann. Winfried, die Mischung aus dynamischer Meisterlichkeit und stählerner Muskelmasse ist völlig ausgelaugt. Daneben steht Lilly wie eine Halbtote, die Trainerin erzählt von einem Einkauf bei Lidl. Man dürfe das Hundefutterregal nicht derartig ausräumen. „Harte Zeiten“, sagt sie. Das Startsignal ertönt, ich habe nicht aufgepasst und lasse Winfried verspätet loszischen, aber er zischt endlich. Sein runder Bauch reibt in einem Affenzahn über die nasse Wiese, so sich vor lauter Dackeln eine Schneise gebildet hat. Die blöde Lilly ist schneller, warum ist sie schneller, das dicke Ding springt, das Ding fliegt und Winfried fliegt auch, aber sie als Adler, Winfried als Schlupfwespe und damit sind wir ausgeschieden. Wir haben eine gute Zeit bekommen, trotzdem. Am Boden zerstört führe ich Winfried zum Futter-Truck, wo für alles gesorgt ist. Leika schafft es ins Finale. Und ein Hund namens Tschaikowsky. Tschaikowsky hat einen sportlichen, gut gebauten, wunderschönen Trainer, er trägt eine

Brille. Winfried und ich nähern uns den Finalisten, weil die beiden verdächtig lange an meinem roten Cabrio verweilen und es gemeinsam beschnuppern. „Ein schönes Auto“, sagt er. „Ein schöner Hund“, sage ich, tatsächlich sehen sich Tschaikowsky und Winfried zum Verwechseln ähnlich, aber Tschaikowsky ist ein Tölpel und Winfried der Beste seiner Generation. „Gut vorbereitet auf das Finale?“ frage ich, der Trainer schaut mich irritiert an. „Wir sind im Finale, wie schön.“ „Keine Freude? Und der Preis?“ „Weißt du, wenn Tschaikowsky gewinnt, dann führt er sich auf wie eine Diva, er hat Ego-Probleme.“ „Verstehe“ „Ich mag das hier sehr gern, ich mag es, wenn die Hunde das Rennen nicht beenden, weil sie sich streicheln lassen und einander beschnuppern, den Hunden geht's nicht ums gewinnen, eigentlich. Mein Tschaikowsky aber möchte immer gewinnen, ich habe den falschen Hund für Wettbewerbe.“ „Komisch.“ Ich halte ein, schaue dem Trainer auf seine schwitzende Oberlippe, er trägt auch eine rote Kappe, wie ich, wir sehen aus wie Zwillinge, von außen muss das aberwitzig aussehen, als hätte jemand zwischen uns einen großen Spiegel aufgestellt. „Wir sind nicht zufällig Geschwister, oder?“ „Nein.“ „Nagut, ich habe eine Idee. Winfried und ich möchten noch eine Chance, ein letztes Rennen, sonst ist Winfried tottraurig. Wir bekommen eure Startnummer, die 27 und ihr dürft mit dem Cabrio eine Runde drehen. Das ist ohne weiteres Ärgernis gebongt, Winfried heißt für den Moment Tschaikowsky und ich bin gut gebaut und schön mit roter Kappe und scharfer Brille. So gefällt uns das Leben.

Die Stimmung ist aufgeheizt, die Ränge jubeln, Winfried betrachtet Leika ganz genau, studiert ihre Schwachstellen, Punkte, an denen angreifen kann. „Du betrügst.“ „Pssccht“, sage ich. „Spürst du die Spannung?“ „Oh ja, die Spannung wird Winfried, ich meine Tschaikowsky über die Ziellinie zerren.“ Ein kleiner Hase huscht über die Rennbahn, der wohl keinem aufgefallen war. Der Hase trägt einen Zylinder und eine Weste, unten nackt, er schaut zu mir herüber und wirft mir einen Kussmund zu. „Hier, nimm einen Schluck Wasser.“ „Danke“. Ich habe den ganzen Tag nichts getrunken, völlig dehydriert gehe ich in die Knie. „Ich sehe den Hasen auch und da hoppelt er davon“. Tatsache. Die Meute jodelt wie verrückt und ich merke, dass ich lieber mit Winfried in einem See baden würde oder mit Winfried Auto fahren, mit Winfried in die Hundeschule und Winfried Freunde suchen. Ich merke, dass alles schön ist, nur gibt mir der Wettbewerb schlechte Vibes. „Das mit dem Triathlon war gelogen, eine Hundemutti hat mir das stolz erzählt, der

Hund ist vorhin erschöpft abtransportiert worden." „Hat sie gefragt, ob sie selbst mitlaufen kann?" „Ja." Das Startsignal dröhnt nicht mehr, es macht mir Gänsehaut und klingt wie eine Sinfonie. Winfried rennt wie der Wind, über das Gras. Keine Chance gegen Winfried, Winfried stellt Weltrekorde auf und bricht sie selbst, Winfried, daran wird sich niemand erinnern, weil es uns niemand glaubt. Ich stehe da, mit roter Kappe wie Niki Lauda einst und du zimmerst über die Strecke, zum Trotz. Wrmmm. Macht es wie in Monaco. Wrmmm in der Garage von Ferrari. Wrmmm beim Autorennen auf der A1. Wrmmm wie ein Vogelstrauß, Wrmmm kreischt es und die Grashalme verneigen sich in Ehrfurcht. In 4,8 Sekunden über der Ziellinie und noch schneller packt es Winfried die andere Rennstrecke entlang zurück zu Leika. Ihr spurtet und ihr macht hier und da und jetzt und hier ein Kind. Ich übertreibe. Ihr macht Liebe ohne Rammelei.

Am Abend sitzen wir im Whirlpool. Dort schwimmt Winfried, dort schwimmt Leika. Daneben der geöffnete Prosecco aus dem Geschenkkorb für den Tagessieg und eine Einladung für ein größeres Rennen in Thüringen. Die Einladung verweilt derweil auf dem Grunde des Pools. „Wie schön es hier ist." Wie schön die Blasen. Winfried und Leika im Whirlpool, etwas elend. Winfried und Leika ohne Volumen, voller Liebe und die einzelnen Strähnen sammeln sich spitz und träufeln Fröhlichkeit in ihre Körper. Wir, als wären wir Götter, halbnackt im Garten, beleuchtet und leicht angetrunken. Wir mit Kappe und blauem Halstuch. Ich hatte mein Auto vergessen. Da taucht der Trainer auf mit Tschaikowsky, dem zweitschnellsten Hund jemals. Wir jauchzen verzückt und nehmen einen Schluck Prosecco. Drei weitere Flaschen sind kaltgestellt und übermorgen Uruguay.

VI.

Kommt der Tod in seinem Namen

Anastasia Averkova

märtyrer:innen (Auszug)

eins

als ob ein stern verzweifelt
quer verweisend, sündigt
kurz nur licht gibt

verkörpert mensch die menschlichkeit
den sich windenden beschreit
und geht zu schiff

zuerst als junge, dann als kind
dann junges im vierfüßlergang
irgendwann wurde mann, zum teil

und auf der welt spricht niemand
zueinander im verstehen
verbergen fällt recht sacht

er fördert seinen tod mit jedem tag
zieht größer ihn und weniger scharf
er fordert ihn heraus

foltert seinen körper fort
entkörpert, nächtigt
fertigt recht die nacht

kommt erst der tod in seinem namen
den er längst nicht tragen kann
hält tote drei tage lang wach

fügt tod so bedeutung hinzu

zwei

stattdessen trägt er nun die folter
wiegt sie auf, bis sie schlafend
schwere lider als tote

trägt an auf verlängerung
fertigt recht eine welt
die vermessend das blut trinkt

kurz gesagt, fristet gesagtes
schifft sich ein
und landet bei dreierlei wörtern

ein junges schläft innig
unter noch dem himmel
noch unter vorbehalt gestraft

stellt seinen namen ab
in die ecke, sind sie zu zweit
niemand kam bisher an

mit einer gottgetrennten linie
perforiert dieseits vom jenseits
auf dem weg bleibt ein ziel

voller schlafender jungen
nicht bloß ein körper
fühlen nicht das bewachtsein

schuld ist selten geduldig
straft tode zu eilig
wippt von bein auf bein

von fuß vier auf fuß drei

drei

rechtfertigt ziel im zubewegen
auf dem weg stellt sich heraus
ein teil vom ihm, wollte ich

gehört er dem tod noch, noch ihm nicht
betet ins diesseits
lächelt ungehörig dabei

vielleicht wollte gott doch
unverschämtheiten schaffen
dass scham gegenteilig passiert

er hat kaum dagegen protestiert
und wenn er (nicht gott) spaziert
erfährt er wohl die adresse

der weg tut jugendlich
nennt straße sich seither
und krabbelt nicht mehr

bekanntschaft, die wie ausgemacht
wie jungfräulich rand steht
verständlich zum einem der seits blickt

hier überrascht jetzt der tod
obgleich er zu spät kommt
auf ihn hätte er warten sollen

sein menschlicher vater
der vater im körper
verspricht sich gegen die folter

zwei väter, ein sohn
die gabelung, die dreistheit
wohnhaft: weihnachtsstraße

ekelt blutegel manchmal

fünf

muss mit leerem magen fliehen
sinnend in der überschwemmung
träumt von tagen

der folterer weiß
dass baldgefolterte glauben
ihre schuld lügt sie an

will kurz nur zum spiegel
vater konnte per definitionem nicht beten
leihvater ihn nicht bestrafen

er erfindet zuletzt noch ein sprichwort
vom tod nachgemurmelt
es ist so von selbst eine frechheit

bezahlt das richten auch selbst
isst noch eine kleinigkeit
prägt sich ein in form eines engels

dann hauptschlag, kreißende adern

sechs

der tod muss mal
er (nicht tot) hat hunger
liegen sie seitlich aneinander

in den gassen huscht gossip
sein weibchen beträchtlich
die mütter streicheln deminutive

fräulein liebt dann mal männlein
weil er es auf dem bett liebt
bringen gesetze natürlich zur geltung

es feiert sich liederlich ostern
altgeboren verwertet sich zeit
genüsslich zweifeln die sterne

die straßen füllen ab sich
bestrafung folgt kanonisch
inszeniert wird vergleichend prozess

die metaphern sind kränklich
verblassen, blutlöslich das ich
sein name fühlt sich sämig

dem hinrichter geschenkt ist schuld
hübsch eingetütet und geschleift
er mit mehr als einem begleiter davon

gehen zu auf den sommer
singt er a capella chorale
kleiden sich die straßen in leinen

aus einem besonderen grund

zwölf

beim spazieren entlaufen
aus dem toten winkel gesehen
weit entfernt der strenge begleiter

er wird gefoltert mit brüsten
erinnert an story vom anfang
beginnen menschlicher nächte

geht zur haushälter:in
der verziehen und verzeiht
heilige dreieinsamkeit

schnee schmilzt nun schamlos
er erbittet drei münzen vom vater
eine münze je wörtchen

mitgenommen sein essen
seinen körper abgeschafft
ungelenk und irgendwie schön

sein stürmen ist zu erwähnen
seine wachsamkeit wie ihre
das gewusste perforieren

er tränkt blut?

Franz Petitfils

Strurestrus Gott

„Das ist einfach!! Naja also – mein Lieblingsmensch Mann wow, das ist einfach und keine Frage! der Mann, der wohl wusste, wo Gott zu finden ist. Gleichzeitig auch der komischste Mensch, den ich je gekannt habe, also falls die Frage kommt, später dann, hab ich die auch gleich weg (haha)"

Die Flasche dreht sich nicht weiter zum ersten Mal seit Stunden, aus Respekt, und ich kann erzählen, wer wohl wusste, wo Gott zu finden ist.

Sache ist, vorab, wäre ich meine Eltern gewesen (oder die Eltern irgendeines Kindes in Altenburg); sofort verboten natürlich. Aber meine wussten nichts davon, und brauchten es auch nicht, da ja, seit ich denken kann, Gott für sie immer am gleichen Ort zu finden war, sonntags, wenige Minuten mit dem Auto, länger mit der Bahn, dreißig Minuten zu Fuß. Gleicher Ort gleiche Zeit und deswegen mussten sie Strurestru auch gar nicht kennen – also hab ich meinen Mund gehalten. Gleicher Ort, gleiche Zeit, gleicher Ablauf, immer die gleichen großen Worte, die die Orgel über uns erbricht.

Weiß nicht, warum Gott das macht; manche immer suchen zu lassen. Manchmal hat Strurestru Ihn gar nicht gefunden, das waren dann schlechte Tage, aber seit ich denken kann war er für meine Eltern am gleichen Ort, wo sie ihn mir zeigten, in all seiner Pracht, in Ehrfurcht und Demut und Pein konnten sie mich hinführen und ihn mir zeigen, damit ich nicht auf den Gedanken komme, ihn woanders zu suchen. Glaub ich, um auch ein bisschen Angst zu haben.

Sie dreht, dreht, ich glaube, mir wird schlecht und ich stell mich in die Schlange, um zu reihern.

Jedenfalls, Strurestru lebte die Straße runter, rechts, dann (nochmal) die Straße runter, ganz am Ende am Rand des Waldes – Strurestru a. W. In einem Haus, Quatsch, Hütte, einer richtigen Baracke, an der er selber, gezwungen, reparieren musste, und die ihm trotzdem auf den Kopf gefallen ist, wo es einmal gewittert hat, aus geklautem Holz und Blechen und Metall vom Schrottplatz Altenburg; weils Holz ja auch immer verrotten musste bei ihm. Aber mir versicherte er hoch und heilig, wie auch der Altenburger Polizeidirektion, dass er die Wahl habe und so leben will, die Wahl hatte er wohl nicht, genau da, wo er war, musste er wohl sein.

Wie auch immer! Wer zu viel trinkt, der schwafelt blödes Zeug, und dem hört man nicht zu; drum erzähl ich in die Kloschlüssel. Allein das würde schon reichen, dass, gebe ich zu, ich als Eltern eine Heidenangst hätte um mein Kind, um alle Kinder, vor dem langen, dürren *Irren am Rande von Altenburg* (echter Titel der Altenburger Tageszeitung) mit den filzigen Haaren, der Alkoholfahne, den schmalen Raubtieraugen, wenn er aus den Trümmern seiner Baracke schaut. Seinem irritierten Blick an sonnigen Tagen aus dem Fenster, wohl eher Loch, in der „Wand" zur Straße, wenn ich ausbleibe im Sommer, und er alleine erst gar nicht suchen geht.

Und er stank gewaltig. Strurestru konnte sich nirgends waschen. Er stank übel, meinten meine Freunde, wo ich ihnen zeigen wollte, was Strurestru unter Gott versteht; an einem wolkenlosen Sonntag in unseren besten Kirchenkleidern. Es war mir nie sonderlich aufgefallen, aber er stank wirklich erbärmlich, und das wussten dann wohl auch ihre Eltern, dann meine, dann ganz Altenburg; und zu guter Letzt auch die Polizeidirektion in ihren besten Kirchenkleidern, ich durfte nicht mehr, und dann war Strurestru weg, und Gott kann man heute an einem unmarkierten Grabstein auf dem städtischen Friedhof suchen gehen.

Was man so alles findet, wenn man aus reiner Langeweile, in besten Sonntagskleidern, die Straße runter rechts die Straße runter sucht, und wenn man Augen hat, die sehen können. Also, wenn man ein Kind ist.

Am wenigsten mochte ich die Tage, wo wir, er, Ihn am Boden einer Flasche fand, also so, jeden zweiten Tag, und den Tag danach bin ich nicht gegangen zur Kirche am Waldrand, aus Wut, und das hab ich Ihm nie ganz verziehen, aus Wut auf Gott, der sich dort so oft versteckt hat, wie ein glorifizierter Flaschengeist!

Aber zuweilen war es eine richtige Jagd! Wie der Jäger auf seinem Hochstuhl, beginnt die Jagd im Warten, und wenn man geduldig ist, beginnt die Jagd irgendwann. Fuck! Wo war ich. Ist viel zu erzählen, wenn man sich spiegelt in der Flasche, die sich mir dreht und dreht; Er hätte wohl Doppeltes gefunden in ihr, aber ich sehe mich nur verklärt, blind, in der Mitte einer Faselei, die das Gesamtinteresse verloren hat – sozialer Minuspunkt, wenn angefangen wird, über dich, nicht mit dir zu lachen:

(„Whateverrrrr, ... „)

Die Jagd. Da war die Hütte keine Hütte mehr, sondern Hochsitz. Schloss, Festung. Was mir nie ganz Sinn gemacht hat, ein Hochsitz, der ja im Freien steht, während wir nur das Loch zur Straße haben. Ein richtiger Hochsitz steht allein, schaut nach draußen stundenlang. Und selbst wenn er trifft, dann hat das eine gewisse Distanz; uns ist aber die Beute nah; er schaut raus in den Wald,

Ihn

aber haben wir meistens in der Hütte gefunden. Weil ja nicht viel war in der Hütte, waren die Möglichkeiten also vielfältiger, als vom Hochsitz aus, der im Wald steht, von dem wir nicht weit weg waren. Vielfältiger aber, weil der Jäger nicht das abstrakte Konzept schießen muss, wenn das konkrete Tier sich nicht zeigt; und er sein Gewehr nicht hebt gegen einen flüchtigen Zustand: *Strurestrus Gott*. Er schießt ein Reh, nicht das Konzept eines Lächelns, die Freude von Kompanie, Beisammenschaft. Melancholie auch. Kanns auch nicht erklären. Ein unmarkierter Grabstein auf dem Friedhof Altenburg wird dir Rede und Antwort stehen.

Das hat er höchstens in sich. Was macht man auf einem Hochsitz, außer kurzem Schuss und langer Kontemplation. Wir aber haben den Kampf, die Jagd, nach außen getragen, die Hütte des Jägers Schädel, wir als Pole eines gedanklichen Astralkörpers; dynamischer Wandel, Chaos und Ruhe, wenn wir Hetzjagd auf unsere Furcht machen oder lauern auf einen Funken Lust und heißes Begehren.

Was macht der Jäger, ganz allein? Ist er auch, auch er, hin und hergerissen zwischen Emotionen im Rauschen des Waldes? Fühlt er, auch er, sich jetzt aufgehen in kindlicher Bewunderung für das, was vor ihm sich erstreckt ... und dann zerschmettert er im nächsten Moment leere Flaschen an den Wänden seines Geistes?

In meiner Jagderfahrung bewegt man sich selten ins prätentiöse Geschwafel. Es dominiert der Todernst. Angst auch, weil es ja Tage gibt, wo nichts geschossen wird, wo danebengeschossen wird, wo man sich aus Langeweile in die Waden schießt. Eigentlich ist es nicht so sehr wie eine Jagd, doch schon, wenn Strurestru der Jagdhund ist, und wir nicht im Hochsitz warten, sondern durch den Wald rasen, und er findet, was ich nicht sehen kann, und ich schieße, was er nicht töten kann.

Ihr hättet ihn sehen sollen!! Stundenlang siechte er vor sich hin wie ein Bettvorleger. Wow –
Wahnsinnsbeschreibung, die sich der arme Tropf anhören muss, während ich ihn bearbeite in der Schlange vorm Klo (schon wieder); jetzt pack ich ihn an beiden Schultern: UND DANN BAM! Wie ein Elite-Jagdhund, der die leiseste Fährte aufgenommen hat. Der Behelfsstuhl (Alter Karton, der normalerweise das Regenwasser abfängt), fällt nicht, er FLIEGT, so ruckartig, verstehst du! Er versteht nicht! Versuchung, ihm eine Backpfeife zu geben.

Und dann konnte es überall sein, Gott muss auch mächtig stinken, oder das ist so ein Hundepfeifending, oder der Rauchmelder, der Verräter, wenn man nachts im Zimmer rauchen will: Alles tun, damit es aufhört, was wohl die stärkste Anziehung ist. Wie Schmidts Katze ging er los. Und, fuck! Er wusste, warum er das tat. Selbst er wusste, wie man einen Eindruck macht, wie man jemanden dazu bringt, er mit großem E zu schreiben, und in Ehrfurcht zu reden; Wenn er Zärtlichkeit und Feingefühl aus Hetze und Schuss erwachsen ließ. Und vergessen sind Stunden des Wartens, auf verrottetem Holz, in entsetzlichem Gestank, eine ganze Straße, eine Biegung, eine ganze Straße von meiner Welt entfernt ...

Wenn seine Handflächen deine Wangen umspannen, dein Gesicht halten, als wären sie dafür gemacht gewesen; *Er* war auch oft im Wald, in der Luft, in den Sternen, in einem Passanten, und es fiel mir mehr als schwer, mit Strurestrus Augen zu sehen, damals schwer und heute unmöglich, und zu sehen, wo die marode Wirklichkeit endet und die Perfektion beginnt, die Schönheit, Platons Gute, die höchste aller Ideen; was auch immer ihn so begeisterte. Aber im Sommer, wo ich fünfzehn wurde, war Er wohl in mir. In meinen Augen? Ihrem Zusammenspiel mit dem, was mir sonst noch gegeben ist? Lag Er auf meinem Gesicht, wie eine Maske, oder war Er tatsächlich *in* mich gefahren, ich weiß es nicht; oder fand Strurestru *Ihn* in der Art und Weise, wie meine Augen seine reflektieren, er in meinen vor allem Angst sieht, und dahinter, schwächer, seine nackte Bewunderung? Ich weiß es nicht und kann es nicht in Worte fassen! Darum halte ich dein Gesicht, Jahre später, so, wie er es tat, hier, wo die letzte Bahn uns nach Hause

bringt, wir, die wohl zu viel getrunken haben; Fühlst du etwas? Mache ich es richtig? Können wir wenigstens, wenn nicht durch Worte, teilen, nur wir allein, was Strurestru mir gezeigt hat? Wie auch er es teilen wollte? Doch wir kennen uns nicht, und deine Freunde intervenieren- zu Recht, wenn ich dir betrunken ins Gesicht fasse, ohne Warnung –
und die ganze Scheiße bringt mir nix, und bevor es hell wird, werd' ich mich wohl nicht erheben. Es regnet, die letzte Bahn hebt ab. Oh, ich versteh's! Ich werde aufwachen in einem unmarkierten Grabstein auf einem Friedhof Altenburgs, aber auf welchem, wo ich doch doppelt getauft bin ...

„...das ist einfach!!!! Naja also – mein Lieblingsmensch Mann wow, das ist einfach und keine Frage, der Mann, der die Straße runter rechts die Straße runter runter, bei uns mir, gelebt hat in einer maroden Hütte, ist eigentlich auch egal aber er hat Kindern erzählt wo Gott ist, und sie in seine Hütte bringen wollen und ihnen Gott zeigen, und die Polizei hat ihn mitgenommen, und wieder gelassen, und dann ist er an seiner Kotze erstickt und verreckt, in seiner Drecksbude“

Vy Vincent

Bonbons (Auszug)

Cindy hat eine Brust, die eine Handvoll groß ist.
Corvin hat einen Adamsapfel, den man beißen kann.
Wenn sie einander anstarren, sind ihre Körper sicher.

Im Einkaufszentrum gehen unrhythmisch die Lichter aus: zuerst die Apotheken, dann alles andere. Corvin sitzt hinter der weißen Klo-Theke. Der Porzellanteller Münzen ist feucht von gewaschenen Händen. Er hält einen Plastikbecher, Resttropfen Cola. Mit einem Taschentuch wischt er das Innere trocken, leckt danach das wenig Aufgesaugte ab. Das Kleingeld klirrt unsortiert hinein, dann geht er in die Damentoilette. Cindy sitzt bereits auf dem Deckel.

CORVIN (*bockig*): Ich sitz heute auf dem Deckel.
CINDY (*bockiger*): Nein, du warst gemein.

Corvins Knochen drücken gegen die kalten Fliesen. Er rückt sich zurecht, bis er auf mehr Fleisch sitzt und legt den Plastikbecher auf seinem Knie ab.

CORVIN: Es riecht gut. Das hast du gut gemacht.
CINDY: Du hast kein Gefühl für Stimmung.
CORVIN: Ich hab gesagt, dass es gut riecht.
CINDY: Das ist nicht die Stimmung.

Kabine geht zu, irgendeine, eher eine links von ihnen. Corvin sucht nach Cindys Augen, doch er sieht nur ihre klebrigen Wimpern. Ein langes Spülen. Dann werden Hände gewaschen.

CORVIN: Das war ein schönes Mädchen. Schöne Mädchen hört man nicht pinkeln.

Cindy greift in den Plastikbecher und zählt.

CORVIN: Ich pinkel auch wie ein schönes Mädchen. Also nicht direkt rein. An das Weiß. Langsam. Ist höflicher.

Cindy greift wieder, reißt das Plastik weiter auf, Corvin hält weiter fest.

CORVIN: Macht das Putzen schwierig?

Cindy teilt das Geld: ihre 10-Cent-Münzen in die schwarze Jackentasche, seine auf ihrem Schoß.

CORVIN (*verlegen*): Pinkelst du auch so?

Die 20-Cent-Münzen in die Hosentasche ihrer engen Jeans, seine rutschen in die Linie ihrer Oberschenkel.

CORVIN: Du bist mir böse.

Sie schaut ihn an. Seine Haare liegen richtig, doch er hat rissige Lippen.

CINDY: Nein, sonst würde ich nicht sprechen.
CORVIN: Du sprichst nicht.

Er schaut an die saubere Decke. Die Lichter sind vergilbt und er atmet kurz durch den Mund.

CINDY (*irgendwas*): Ich mag es, wenn Alte pinkeln. Das geht schnell, weil sie nicht innehalten können.
CORVIN (*interessiert*): Aber sie brauchen lange zum Wischen. Hochziehen auch.
CINDY: Das ist nicht *so* schlimm.
CORVIN: Was ist *so* schlimm?
CINDY: Die, die in schüchternen Abständen pinkeln.
CORVIN (*amüsiert*): Ja, da halt ich manchmal die Luft an.
CINDY (*etwas*): Warum das?
CORVIN: Weil es spannend ist, ob noch was kommt oder nicht.

Cindy kippt Corvins Trinkgeld zurück in den Plastikbecher. Sie behält das eine 50-Cent-Stück.

CORVIN: Wir haben eine Spinne in der Toilette.

Sie guckt hoch.

CORVIN: Nein. Ich, zuhause. Sie sitzt nie in einer Ecke, nur daneben. Ich seh‘ auch kein Netz.
CINDY: Guckst du oft nach oben?
CORVIN: Ja, weil ich oft auf Toilette bin.
CINDY: Du erzählst mir heute viel.
CORVIN (*verwirrt*): War nur die eine Sache.
CINDY (*verwirrt*): Weil wir sonst hier sind, um einander zu sehen, nicht, um einander zu sprechen.

Corvin streckt seine Knie lang auf dem Boden aus, bis die Schuhspitzen seiner Sneaker in die nächste Kabine spannen. Cindy sieht ihn: die kurze Hose, die nackten Knie, furchtlos.

Corvin sieht sie nicht. Er streckt sein Handgelenk hoch zu ihrem Gesicht. Sie beugt sich runter und ihre blonden Haarsträhnen kitzeln. Corvin zuckt. Cindy riecht Münzen und schwaches Parfüm.

CORVIN (*viel*): Ist von meinem Onkel.
CINDY: Riecht erwachsen.
CORVIN: Danke.

Sie riecht nochmal und ihre blonden Haarsträhnen piksen.
Corvin sieht sie: die dicke Strickjacke, schluckend, Ärmel so lang, dass kein Handgelenk hervorschaut. Einen zerzausten Kopf, den er nicht glattstreichen darf.

CORVIN: War jemand gemein?

Eine Kabine geht auf. Corvin sucht nach Cindys Wimpern. Er will keine Witze über schöne Mädchen machen und tippt auf ihr Knie. Sie zuckt zusammen und atmet sein Erwachsen ein.

CORVIN (*flüsternd*): Was versteckst du?

Sie wirft ihm das 50-Cent-Stück ins Gesicht.
Er will nach ihrer Hand greifen, doch sie steht auf.
Seine Beine kribbeln schwer und er lässt das Hinterherrennen sein.

Vitae der Preisträger*innen

Anastasia Averkova

ich lebe; sag's nur nicht Roland

Henriette Bayer

Henriette Bayer, geboren 2002 in der Lausitz, studiert momentan Theater-, Film- und Medienwissenschaften und Vergleichende Literaturwissenschaften in Wien. Während der Pandemie war sie mit der Produktion „Die Verdunklung" des Piccolo Theater Cottbus schon einmal als Online Avatar beim Theatertreffen der Jugend. Neben dem Schreiben von Gedichten, Prosa, Songtexten und Liebesbriefen an ihre Friends tanzt und schauspielert sie gerne, zuletzt im Burgtheaterstudio in der Produktion „Bambi und die Themen" nach Bonn Park. Am liebsten alles gleichzeitig und durcheinander. Nebenbei versucht sie noch Zeit zu finden, um die Abschaffung des Patriachats zu planen.

Sophia Becker

Sophia Becker, geboren 2009 in Duisburg, lebt seit ihrem elften Lebensjahr in Ratingen. Schon immer hat sie viel gelesen und auch Geschichten erzählt – das Aufschreiben kam allerdings erst später dazu.
Sophia hat einen Hund und sechs Hühner. Und wenn sie nicht gerade in ihrem Zimmer sitzt und Geschichten schreibt, die sie in der Mitte abbricht, weil ihr eine noch viel bessere Idee gekommen ist als die vorherige, dann tanzt sie Ballett oder hört Musik.
Außerdem trinkt Sophia gerne zu viel Kaffee und ist, auch wenn sie manchmal eher zur Prokrastination neigt, relativ gut in der Schule.

Moritz Busch

Alles, was ich will, ist wieder mit voller Ernsthaftigkeit an Unsinn zu glauben, das geht ja vielen so. Fantasie gibt es nicht. Alles, was es gibt, sind Wirklichkeitspotenzen, die nichts Anderes als Möglichkeiten sind. Es geht darum, so fabelhafte-Amélie-mäßig sich selbst wieder das Träumen beizubringen, sich einfach mal als Banane zu verstehen, sich gelb anzumalen und nackt in die Obstabteilung zu legen. Es geht ums radikale, totalitär-diktatorische Spiel und die Vernichtung von allem, was die Fantasie zu vernichten droht. Zwei Theaterstücke sind fertig, drei sind auf dem Weg, ich habe auch neulich 'n Ikearegal aufgebaut – alles spitze. Es geht darum, die fixe Idee wieder zurück in die Wirklichkeit zu schreiben, die Brutalität der Kategorie einfach wegzuwixxen, wegzuspielen und mit aller nur möglichen Gewalt gegen die Widerstände der Zeit anzutanzen und den Unsinn zu verbreiten. Klammer auf – weiße Tauben bitte hier – Klammer zu.

Anton Conrad

Eine andere Welt ist möglich.

Jellina Dettmer

Mein Name ist Jellina, ich bin 13 Jahre alt und wohne in Finkenwerder. Ich interessiere mich sehr dafür zu schreiben und zu schauspielern. Mit 11 Jahren hatte ich bei der Staatsoper in Hamburg eine Sprechrolle und interessiere mich seitdem um einiges mehr für Schauspiel. Seit fast einem Jahr besuche ich wöchentlich ein Theater-, Gesangs- und Tanztraining. Allgemein finde ich nicht ganz so viel Zeit zum Schreiben, doch wenn, dann auch gerne für eine längere Zeit. Etwas, das ich sehr liebe, sind meine zwei Kater, und auch so kriegt man mich mit allem, was mit Katzen zu tun hat. Mein Traum ist es, irgendwann einmal Schauspielerin oder Sanitäterin zu werden (Hauptsache nichts, was mit Mathe zu tun hat). Auch Comics und kleine Cartoons zu zeichnen, ist für mich sehr wichtig geworden. Das mache ich auch gerne, um mich zu entspannen oder kreativ zu werden. Nach meinem Abschluss plane ich ein Auslandsjahr und werde mich danach daran versuchen, in London eine kleine Wohnung zu bekommen, die natürlich ordentlich mit Katzen ausgestattet werden wird. Doch für jetzt reicht mir auch der Süderdeich in Hamburg-Finkenwerder.

Tim Dziarnowski

Ich will mich grob vorstellen (Tim), indem ich von meinem Tag vor der Abgabe hierfür erzähle. In der Mail steht Dienstag 04.10.2024, ich hoffe, die Zahlen sind richtig, ansonsten bin ich spät dran. Ich arbeite an der Bar im schwere reiter, ein kleines Theater, das mit Musik, Tanz, Theater bespielt wird. Heute singen zwei Chöre gesellschaftskritische Lieder. Wenn in München, kann man sich das Gelände gut anschauen. Ich bin heute aufgestanden um 12:10 Uhr ungefähr, um meinen Schlafrhythmus in den Griff zu bekommen (langsam). Ich bin wach bis 4:00 Uhr nachts die letzten Tage. Ich rauche leider gern. Ich wollte mich mit einem Freund treffen, der psychisch gerade sehr leidet. Er hat auf meine Anrufe nicht reagiert, die Tür nicht aufgemacht und ich habe mich gefragt, was ein guter Freund ist. Ich hoffe, er meldet sich morgen. Ich höre gerade oft „Für die Sterne" von Dota Kehr. Ich sitze lieber im Bus als in der S-Bahn usw. Ich weiß nicht, was ich vom Leben will, aber mehr als das Butterbrot.

Oskar Eberhard

Eigentlich müsste ich ununterbrochen schreiben. Nicht, weil ich es will und nur selten, weil ich Ideen oder Geschichten in mir trage, die ich erzählen möchte. Ich glaube, ich habe Angst vor dem Vergessen. Permanent schreien irgendwelche winzigen Details in meinem Alltag danach, in Worten verewigt zu werden und dem nehme ich mich an. Manchmal finde ich sogar Gefallen daran, durch meine endlosen Notizen zu stöbern und dabei Erinnerungen Revue passieren zu lassen und über kaputte Bordsteinkanten, Zeitumstellung oder Mauersegler zu lesen. Ich will niemals zu gewohnt werden, um Gewohntes zu hinterfragen und immer sehen, was ich sehe, anstatt zu sehen, was ich kenne: Kurzum; ich schaue gerne schräg, um die Welt ein Stückchen gerader zu sehen. Ab und an verschwimmen dabei die Gren/ /zen zwischen Fiktion und der Realität und dann zerfließe ich irgendwo dazwischen und wünsche mir, dass ich wüsste, wie das immer so sein könnte.

Helena Engel

Ich bin Helena (die man auch ziwuca nennt; aber nicht viele), bin in Augsburg geboren und aufgewachsen und lebe noch immer dort (nur ein bisschen woanders), noch bringt die Linie fünfhundertnochwas mich jeden Tag ein Stück näher zur Schule, weil ich hoffe, dass Bildung mich auch zu mir selbst ein bisschen näher bringt, darum schaute ich im Vorjahr auch nicht hier, sondern in Bulgarien nach allem Ganzen und Halben aus, was man vielleicht auch in meinem Text widergespiegelt findet.
Kurz Luft holen.
Ich schreibe schon, seitdem ich Buchstaben ketten kann, weil es für Rechtschreibung Programme und für Ausdruck keine Grenzen gibt. Die Realität ist mir so wichtig wie ihre Entfremdung und alles, was in ihr zu finden sein kann.

Julian Sebastian Fröhling

Julian Sebastian Fröhling ist 2004 in Au bei Freiburg geboren und studiert Germanistik und Biologie. Er schreibt eigentlich schon, seit er denken kann, aber vielleicht denkt er das auch nur, weil er ein schlechtes Gedächtnis hat. Erste Veröffentlichungen hatte er mit 15 Jahren. In seinen Texten konzentriert er sich auf das Seltsame und Unaussprechliche in Innen- und Außenwelt, Gegenwartskultur und das zerfranste Bewusstsein. Momentan arbeitet er an einem Theaterstück und mehreren Prosatexten, die Lyrik schiebt sich in aufkommende Zwischenräume. Wenn man ihn abwesend in den Kaffee starren sieht, scheitert er gerade am Plotten oder sinniert der humanen Darstellung der Theaterkatze und anderen scheiternden Liebschaften nach.

Livana Hussein

Es ist aufgrund meiner Faszination bezüglich des Seins des Menschen, dass ich diese Texte verfasse. Es ist, als schriebe ich einen liebevollen Brief bloß an alle jene, welche ihn wahrlich willkommen heißen mögen.
In der Welt der Prosa herrscht für mein Empfinden kein Ausmaß an Autorität, keinerlei Normen, bloß die prächtigste Gabe des Menschen, sein Verstand, sein Intellekt.

Lennart Kammler

Weil du vielleicht fragst, warum ich angefangen habe, verweise ich dich im Voraus auf das abschließende Buchstabentrio in meinem Vornamen. Es steht also schon geschrieben. Äußerst prätentiös. Was kann ich dir verraten, wenn ich noch nichts über dich rausgefunden hab. Ich arbeite als Regieassistent in der Oper, soviel findest du auch online. Ich bin da reingerutscht, wie auch hier, und fühle mich äußerst unwohl, mich ferner zu äußern. In meiner Freizeit spiele ich Klavier. Irgendwie findet er keine Freizeit, um Klavier zu spielen. Ansonsten hat er noch gerne Angst. Er hat versucht, in dieser Art zu schreiben. Äußerst prätentiös. Vielleicht sollte jemand anderes über ihn schreiben und er schreibt über wiederum was Anderes.

Mily Meyer

Mily Meyer ist 2004 in Zwickau geboren und studiert Freie Kunst an der Akademie der Bildenden Künste Nürnberg. In ihren Gedichten beschäftigt sie sich mit den (Un-)Freiheiten des Lebens. Zuletzt war sie Preisträgerin des Klopstock-Preis 2024 und Teilnehmerin des Treffen junger Autor*innen 2020.

Tonda Montasser

Tonda Montasser, geboren 2011, Berlin. Begann im ersten Corona-Lockdown zu schreiben und im zweiten zu dichten. Ausgezeichnet beim THEO – Berlin-Brandenburgischer Preis für Junge Literatur 2021–23, beim Treffen junger Autor*innen 2022 und beim Bundeswettbewerb lyrix 2021–23. Gedichte erschienen zuletzt bei etcetera press, Signaturen-Magazin und manuskripte, und er trat 2021 und 2023 auf dem internationalen literaturfestival berlin und auf dem poesiefestival berlin 2024 auf. Tonda liebt Actionwellen, Filme und Yu-Gi-Oh!-Turniere, bingt alles von der Youtuberin Coldmirror und will später Schreiben studieren.

Franz Petitfils

Ich bin grad 20 geworden und studiere in Freiburg. Grüße gehen raus an meine Deutsch-Leistungskurslehrerin, die uns motiviert hat, solche Ausschreibungen wahrzunehmen und einfach mal Texte hinzuschicken! Ohne sie würde ich hier nichts hinschreiben dürfen. Wenn auch für sich Schreiben ein schönes Hobby ist, find ich's am anregendsten, Texte mit ähnlich Interessierten auszutauschen (auch wenn das immer viel Überwindung kostet).

Amelie Singla

Ich bin 2002 in Mexico City geboren. Meine Kindheit habe ich hauptsächlich in Köln und La Paz (Bolivien) verbracht. Dann war ich eine Zeit lang in Kyjiv und mittlerweile wohne ich seit zwei Jahren in Berlin, wo ich an der Freien Universität Berlin Literaturwissenschaften und Anthropologie studiere.
Ich schreibe und lese so viel ich kann, weil ich dadurch besser auf der Welt klarkomme und weil ich Geschichten mag.

Lilian Strub

Lilian Strub ist 2002 in Frankfurt am Main geboren und aufgewachsen. Dann ist sie zum Studieren nach Tübingen gezogen, weil sie dachte, da ist die Miete nicht so teuer ...
Sie schenkt Bier aus, von dem sie nicht weiß, wie es schmeckt, schreibt über Gefühle, die sie eigentlich geheim halten wollte und studiert Sachen, bei denen sie über Wörter und Sprache nachdenken muss. Beim Vorlesen klopft ihr Herz immer so laut, dass sie selbst nicht hört, was aus ihrem Mund rauskommt. Immer ein bisschen verwirrt, funktioniert sie trotzdem am besten in stressigen Situationen. Wie gut also, dass sie sich immer gestresst fühlt.

Vy Vincent

Vy Vincent, geboren 2002 in Berlin, schreibt vor allem Prosa und Dialog, absurd und zögerlich.

Fanny Marek Walger

Fanny Marek Walger wurde 2004 geboren. Es wuchs bei Bebra auf und schreibt eigentlich meistens über dessen architektonische Highlights, ansonsten aber auch über Vögel, Weltschmerz und Familiendinge. Fanny Marek Walger lebt in Marburg, hat aus unerfindlichen Gründen fast einen Bachelor in Psychologie; lernt Sprachen und spielt Theater. Fanny Marek Walger mag keinen Emmentaler.

Freya Werner

Ich wurde vor sechzehn Jahren in Bad Tölz geboren und befinde mich dort in einer noch etwas andauernden Präabiturphase. Meinen zweiten Namen habe ich aus einer Beethoven Oper und aus Sicherheitsgründen trage ich immer ein Buch bei mir. Weiß nicht mehr warum ich angefangen habe zu schreiben und wann genau aber ich tue es immer noch (meist anfallartig).

Anthologien

flüssiges land und feste ideen
38. Treffen junger Autor*innen 2023

ich kleide mich in worte
37. Treffen junger Autor*innen 2022

als würden sich die Worte drehen durch Schneckenhäuser.
36. Treffen junger Autor*innen 2021

An der Brücke zur Realität
35. Treffen junger Autor*innen 2020

Als ob Haut kein Gedächtnis hätte
34. Treffen junger Autor*innen 2019

stets der unangepasste fällt aus dem nest
33. Treffen junger Autor*innen 2018

Es ist nicht ausgeschlossen, dass es besser wird.
32. Treffen junger Autoren 2017

Binde der Welt die Schnürsenkel zu!
31. Treffen junger Autoren 2016

jeden schatten wirfst du selbst
30. Treffen junger Autoren 2015

Rostschutzmittel
29. Treffen junger Autoren 2014

Sätze über Planken
28. Treffen junger Autoren 2013

ich stell dir die schatten schärfer
27. Treffen junger Autoren 2012

Hundert Herzschläge Freigepäck
26. Treffen junger Autoren 2011

Jetzt Hier. Und wieder.
25. Treffen junger Autoren 2010

schräg gegens licht
24. Treffen junger Autoren 2009
(nur im Buchhandel)

während du wegsiehst
23. Treffen junger Autoren 2008
(nur im Buchhandel)

Der Horizont hängt schief
22. Treffen junger Autoren 2007

Ganz nah gegenüber
21. Treffen junger Autoren 2006

Als wäre jemand in der Nähe
20. Treffen junger Autoren 2005

Hinter der Stirn
19. Treffen junger Autoren 2004

Neben mir saß einer ...
18. Treffen junger Autoren 2003

Die Anthologien sind im Online-Shop der Berliner Festspiele und / oder im Buchhandel erhältlich.

Treffen junger Autor*innen

Veranstalter

Berliner Festspiele
Ein Geschäftsbereich der Kulturveranstaltungen des Bundes in Berlin (KBB) GmbH
Gefördert durch die Beauftragte der Bundesregierung für Kultur und Medien

Intendant: Matthias Pees

Kaufmännische Geschäftsführung: Charlotte Sieben

Leitung Treffen junge Szene: Susanne Chrudina

Jury

Yevgeniy Breyger, Wien

Rabea Edel, Bullay

Valeria Gordeev, Berlin

Sulaiman Masomi, Köln

I.V. Nuss, Berlin

Rike Scheffler, Berlin

SchwarzRund, Berlin

Daniela Seel, Berlin

Olivia Wenzel, Berlin

Kuratorium

Annette Steenken
Bundesministerium für Bildung und Forschung, Berlin (Vorsitz)

Monika Bürvenich
Bundesministerium für Bildung und Forschung, Berlin (Vertreterin)

Michael Au
Ministerium für Familie, Frauen, Kultur und Integration des Landes Rheinland-Pfalz, Mainz

Ilona Einwohlt
Arbeitskreis Jugendliteratur e.V., München

Björn Jager
Hessisches Literaturforum im Mousonturm e.V., Frankfurt am Main

Anke Sommer
Ministerium für Allgemeine und Berufliche Bildung, Wissenschaft, Forschung und Kultur des Landes Schleswig-Holstein vertreten durch Hannah Rau

Uwe Schulz
Ministerium für Kinder, Jugend, Familie, Gleichstellung, Flucht und Integration des Landes Nordrhein-Westfalen, Düsseldorf

Catrin Wafula
Senatsverwaltung für Bildung, Jugend und Familie, Kulturelle Bildung / Wettbewerbe, Berlin